敏捷智库 编

新质生产力 学生读物

河海大学出版社
HOHAI UNIVERSITY PRESS
·南京·

图书在版编目(CIP)数据

新质生产力：学生读物 / 敏捷智库编. -- 南京：河海大学出版社，2024.10.(2025.6重印) -- ISBN 978-7-5630-9350-2

Ⅰ.F120.2

中国国家版本馆 CIP 数据核字第 2024KN4070 号

书　　名	新质生产力（学生读物） XINZHI SHENGCHANLI (XUESHENG DUWU)
书　　号	ISBN 978-7-5630-9350-2
策划编辑	汤思语　朱梦楠　夏无双
责任编辑	张陆海
装帧设计	林云松风
出版发行	河海大学出版社
地　　址	南京市西康路1号(邮编:210098)
电　　话	(025)83737852(总编室)(025)83722833(营销部) (025)83787602(编辑室)
经　　销	江苏省新华发行集团有限公司
排　　版	南京布克文化发展有限公司
印　　刷	广东虎彩云印刷有限公司
开　　本	787毫米×1092毫米　1/16
印　　张	9.5
字　　数	134千字
版　　次	2024年11月第1版
印　　次	2025年6月第2次印刷
定　　价	42.00元

序 一

在21世纪的科技浪潮中,我们正处于一个前所未有的科技变革时代。随着信息技术的飞速发展,我国社会正逐步迈入一个全新的生产力阶段——"新质生产力"发展阶段。这一时代特征不仅标志着生产方式的深刻变革,更预示着知识、技术与创新将成为推动社会进步的核心力量。在此背景下,对于每一位学子而言,理解并掌握新质生产力的核心知识与理念,不仅是对个人成长的必然要求,更是未来贡献社会的基石。

新质生产力,是依托现代科技特别是人工智能、大数据等前沿领域技术的发展,形成的一种高效、智能、可持续的生产力形态。它超越了传统生产力对物质资源的单一依赖,更加注重知识的积累、技术的创新和模式的变革。在新质生产力的推动下,经济结构、产业格局乃至生活方式都发生了翻天覆地的变化。

在新质生产力的广阔天地里,低空经济作为新兴的经济形态,正以其独特的魅力吸引着世界的目光。无人机、低空智联网、电动垂直起降飞行器(eVTOL)等设备设施,正逐步构建出一个高效、便捷、绿色的空中交通网络,给我们的生活带来前所未有的改变。这不仅是对传统生产力的挑战,更是对未来生活方式的一次深刻革新。

面对这样的时代变革,学生们需要做的不仅仅是掌握知识,更重要的是思维方式的转变。作为新时代的必备素养,数字化思维将帮助学生更好地理解和应对这个由数据驱动、算法赋能的世界。在本书中,我们会通过丰富的案例和生动的故事,引导学生深入思考如何运用数字化思维去发现问题、解决问题,从而在未来的竞争中占据先机。

本书旨在引领广大学生探索新质生产力的奥秘,并启发学生培养适应未来社会的数字化思维。从理论到实践,从过去到未来,本书将全面展现新质生产力的壮丽画卷。在理论篇中,我们将解码生产力与生产关系的动态平衡,揭示创新引擎如何推动新质生产力的发展,剖析迈向高质量发展的不懈追求。在实践篇中,我们将通过智能奇境、万物互联、数绘世界等章节,让同学们领略人工智能、网络科技等的无限魅力。在未来篇中,我们将深入探讨数据在数智时代的重要性,以及如何培养数据素养和负责任的数据使用态度。智能算法和智算赋能为我们展示了万事皆算的生态,以及传统产业在智能变身后的崭新面貌。

亲爱的同学们,这是一本关于未来的书,也是一本关于你们的书。愿你们在阅读中汲取知识,在思考中启迪灵感,在行动中创造未来。让我们一起携手,以新质生产力为翅膀,飞向更加广阔的天空!

在这个充满机遇与挑战的时代里,愿你们都能成为新时代的弄潮儿,用智慧和勇气书写属于自己的辉煌篇章!

向锦武

中国工程院院士
北京航空航天大学教授、博士生导师
中国管理科学学会会长

序 二

党的十八大以来,我国以习近平总书记关于教育的重要论述为统领,纵深推进教育综合改革,推进教育高质量发展,取得了突出成就和影响。教育强国建设,是实现中华民族伟大复兴的基础工程与战略工程。新质生产力的发展为这一宏伟目标提供了不可或缺的坚实支撑。在瞬息万变的时代洪流中,科技的飞速跃进与全球化的深度交融,正以前所未有的壮阔图景,引领着社会生产力的革命性飞跃。新质生产力作为变革浪潮中的璀璨明珠,不仅创新性地定义了经济增长的范式,更以其独特的内涵与外延,为教育改革和发展提供了重要的支撑。

面对时代的呼唤和国家的需要,《新质生产力(学生读物)》为广大学生探索未知、把握时代脉搏的航程指引了方向。其以深入浅出的笔触,引领学生们穿梭于新质生产力的广阔天地,从理论的殿堂到实践的田野,从历史的回望到未来的展望,充满了探索的乐趣与智慧的启迪。书中挑选了丰富的实际案例,旨在让学生们在阅读与思考中,真切感受到新质生产力的蓬勃生机与无限可能。

《新质生产力(学生读物)》不仅是一本引导学生理解和把握新质生产力内涵和外延的书籍,也是践行全员、全过程、全方位育人的重要载体。其充分利用经济社会发展的广阔资源,协同学校教师、学生家长以及社会力量,在知识、能力、素养和行为等多个层面构筑起多维度、多渠道的大教育体系,推进实践育人。通过将丰富的理论知识与实际案例相结合,本书不仅可以激发学生对科技创新的兴趣,更在无形中培养其创新意识、实践能力和良好的道德品质,形成合力育人的良好局面,助力学生成为德智体美劳全面发展的社会主义建设者和接班人。

本书不仅能够使学生掌握新质生产力的核心要义,更能激发他们对未来科技与经济社会发展的浓厚兴趣与无限向往,培养更多具有创新精神和实践能力的新时代人才,推进科教兴国战略、人才强国战略、创新驱动发展战略的深入实施。期待每一位青年学子都能在新质生产力发展的浪潮中,乘风破浪,勇往直前,用知识的力量、创新的思维、实践的勇气,共同为新时代的建设添砖加瓦!

北京师范大学京师特聘教授、博士生导师
国家重大人才工程青年学者

目 录

序篇　新质生产力开新篇 / 001

第一部分　理论篇

第一章　双轮驱动——解码生产力与生产关系的动态平衡 / 005

　　1.1　什么是生产力？/ 008

　　1.2　什么是生产关系？/ 010

　　1.3　行动指南：如何优化生产力与生产关系？/ 012

　　1.4　案例故事：VR/AR——重塑汽车行业的智慧之光 / 014

第二章　创新引擎——推动新质生产力的关键力量 / 017

　　2.1　什么是创新？/ 019

　　2.2　融合创新：让新质生产力展翅翱翔 / 023

　　2.3　行动指南：如何参与融合创新？/ 026

　　2.4　案例故事：人脸识别系统
　　　　——从幼儿园安全屏障到智慧城市守护者 / 028

第三章　勇攀高峰——迈向高质量发展的不懈追求 / 031

　　3.1　什么是高质量发展？/ 033

　　3.2　高质量发展：让新质生产力铿锵有力 / 036

　　3.3　行动指南：如何参与高质量发展？/ 039

　　3.4　案例故事：绿科技——让老企业焕发新生的奇迹 / 041

第四章　挥毫场景——描绘大美未来的多彩蓝图 / 043

　　4.1　什么是场景？/ 045

　　4.2　场景驱动：让新质生产力开花结果 / 047

　　4.3　行动指南：如何参与场景驱动？/ 050

　　4.4　案例故事：智控管线——守护城市命脉的隐形卫士 / 051

第二部分　实践篇

第五章　智能奇境——揭秘人工智能的神奇之旅 / 057
　5.1　弱人工智能：身边的智能小助手 / 059
　5.2　生成式 AI：创意无限的新伙伴 / 062
　5.3　通用 AI：超级大脑的未来梦想 / 065
　5.4　未来探索：我们如何与智能科技共舞 / 068

第六章　万物互联——探索网络化世界的无界连接 / 071
　6.1　云端漫步：云计算的神奇力量 / 073
　6.2　口袋里的世界：移动互联网的魔力 / 076
　6.3　星际穿越：太空互联网的梦想 / 079
　6.4　智慧城市：打造超级政务机器人 / 081

第七章　数绘世界——数字化多维渲染的绚丽画卷 / 085
　7.1　数字化科技：前沿数字新星闪亮登场 / 087
　7.2　数字化产业：插上数字翅膀遨游天地 / 089
　7.3　数字化社会：城市创新实验室涌现 / 092
　7.4　数字化治理：智能管理的艺术 / 094

第八章　绿色发展——可持续发展的生态乐章 / 099

　　8.1　绿色经济：环境友好型经济模式的探索 / 101

　　8.2　绿色能源：清洁能源引领未来 / 103

　　8.3　绿色产业：从源头到终端的绿色转型 / 105

　　8.4　绿色生活：倡导低碳生活，共享绿色福利 / 108

第三部分　未来篇

第九章　数据为王——万物皆数的世界 / 113

　　9.1　数据：数智时代的石油 / 115

　　9.2　数据可视化：让数据说话 / 118

　　9.3　数据伦理：负责任的数据使用 / 121

　　9.4　数据素养：数海乘风破浪的关键技能 / 123

第十章　智算使能——万事皆算的生态 / 127

　　10.1　未来已来：探索"数业"时代的奥秘 / 129

　　10.2　智能算法：开启数智世界的神秘之门 / 132

　　10.3　智算赋能：传统产业的智能变身 / 134

　　10.4　面向未来：智算社会的魔幻图景 / 137

序篇

新质生产力开新篇

在这个风云变幻的时代,我们正经历着百年未有之大变局。国际格局的深刻调整、国际秩序的重塑等构成了当今时代的复杂背景。在这场历史性的变革中,新质生产力作为推动社会进步的重要力量,正悄然崛起,引领着未来发展的方向。正如习近平总书记所指出的:"新质生产力是创新起主导作用,摆脱传统经济增长方式、生产力发展路径,具有高科技、高效能、高质量特征,符合新发展理念的先进生产力质态。"新质生产力由技术革命性突破、生产要素创新性配置、产业深度转型升级而催生,以劳动者、劳动资料、劳动对象及其优化组合的质变为基本内涵,以全要素生产率大幅提升为核心标志,特点是创新,关键在质优,本质是先进生产力。

回顾历史,生产力的每一次飞跃都深刻地改变了人类的生产方式和生活方式。从蒸汽机的轰鸣开启工业革命,到电力的广泛应用点亮现代生活,再到信息技术的迅猛发展将世界紧密相连,科技的力量不断推动着社会生产力的飞跃。而今,人工智能的浪潮正席卷而来,预示着新一轮科技革命和产业变革的兴起。在这场科技革命的浪潮中,新质生产力将如何绽放光彩,值得我们深入探讨。

马克思主义作为指导我们认识世界和改造世界的强大思想武器,在数业时代依然闪耀着真理的光芒。然而,面对新质生产力的崛起和数字经济的蓬勃发展,我们需要不断创新和发展马克思主义理论,使其更好地满足时代的需求。在这一过程中,我们将探索马克思主义与新质生产力的内在联系,揭示其在新时代的指导意义。

在这个充满机遇与挑战的新时代,让我们携手开启新质生产力之旅,共同探索其奥秘,把握其规律,为推动社会进步和发展贡献我们的智慧和力量。这本《新质生产力(学生读物)》将是我们旅途中的宝贵指南,它将引领我们深入了解新质生产力的内涵、特征和发展趋势,激发我们对科技创新和产业发展的无限憧憬与追求。希望每一位读者都能从中受益,成为推动新质生产力发展的有为青年,共同书写新质生产力的时代篇章。

第一部分

理论篇

第一章 双轮驱动
——解码生产力与生产关系的动态平衡

生产力的进化，犹如一曲交响乐的演变，从最初的简朴旋律到如今的华美篇章。过去，经济的增长节奏紧凑而激昂，就像一曲充满活力的小提琴独奏，迅速吸引听众的注意，但其单一的音色难以持久引起共鸣。随着时代的推进，全球经济舞台上的乐章逐渐丰富，我们意识到，仅仅依靠快速的节奏已不足以打动人心。于是，新质生产力登场，它好比一支精心编排的交响乐团，融合了各种乐器，使其和谐共鸣。在新质生产力的指挥棒下，中国经济的乐章更加立体、饱满。每一部分都不可或缺，共同编织出一幅幅壮丽的音乐画卷，不仅展现了中国在全球经济中的独特地位，更预示着未来无限的可能性。在新质生产力的引领下，我们正演奏着一曲曲振奋人心的交响乐，向世界传递着中国声音的自信与魅力。

2023年9月，习近平总书记于黑龙江考察调研时指出，要"以科技创新引领产业全面振兴""整合科技创新资源，引领发展战略性新兴产业和未来产业，加快形成新质生产力"。"新质生产力"首次进入了我们的视野。

那么，新质生产力是什么？2024年1月，在二十届中央政治局第十一次集体学习会议中，习近平总书记对新质生产力的定义作如下阐述："新质生产力是创新起主导作用，摆脱传统经济增长方式、生产力发展路径，具有高科技、高效能、高质量特征，符合新发展理念的先进生产力质态。"概括来说,新质生产力就是我们用新的方式、新的技术来创造更多的价值,让我们的生活变得更加美好。它就像是推动社会进步的"新引擎",让我们的国家在经济舞台上更加闪耀、更加有力量!

1.1 什么是生产力?

生产力的内涵

要想真正理解新质生产力,我们还需要沿着时间的长河,去追溯生产力的成长历程,揭开它那神秘的面纱。从字面意义上理解,生产力就是人类改造自然的能力。比如我们用斧头砍树,用犁耕地,这都是利用工具来改变自然界,使之更适合人类的需求。随着时间推移,我们的工具变得越来越高级,比如从石器到铁器,再到现在的拖拉机和无人机,这些先进的工具大大提高了我们改造自然的效率,扩大了改造自然的范围。生产力的提升意味着我们能更有效地利用自然资源,建造房屋、种植作物、开采矿产,从而创造财富,改善生活质量,同时我们也有责任以更环保的方式进行生产,保护自然环境。

在马克思的政治经济学理论中,生产力是个超级明星,被视为人类改造和征服自然的能力。它是指具体劳动创造使用价值的能力,反映的是人与自然的关系,是人类运用生产资料通过与自然之间能动的劳动过程创造财富的能力,即劳动者运用劳动资料作用于劳动对象形成的生产能力。这种生产能力具有自然物质性和社会历史性两重性质[①]。自然物质性方面,生产力主要由其"质"和"量"来决定。"质"的规定性主要在于由相应科技水平决定的生产力的要素及构成的有效性,即要素禀赋和全要素生产率;"量"的规定性在于由既定生产要素数量和投入决定的生产力的产出规模,即财富生产数量和相应的生产量的可能性区间。

生产力就像是一把能点石成金的魔杖,每一次挥动都创造着使用价

---

① 刘伟.科学认识与切实发展新质生产力[J].经济研究,2024,59(3):4-11.

值,展现着人与自然之间的亲密互动。从 18 世纪以来的工业革命,到当今以大数据和人工智能等工具体系牵引的数字技术革命,一次次颠覆性的科技创新带来社会生产力的大解放与生活水平的大跃升,有力证实了人类社会历史进程是社会生产力从低级到高级、从落后到先进的不断发展的过程。

新质生产力本质是先进生产力

中国作为社会主义国家,社会主义的根本任务是进一步解放和发展社会生产力,生产力是推动社会进步的最活跃、最革命的要素,生产力标准是衡量社会发展的根本性的标准。随着科技的飞速进步和数字化时代的全面到来,一种全新的生产力形态——新质生产力,正逐渐崭露头角,成为推动社会发展的新动力。

> 新质生产力是创新起主导作用,摆脱传统经济增长方式、生产力发展路径,具有高科技、高效能、高质量特征,符合新发展理念的先进生产力质态。它由技术革命性突破、生产要素创新性配置、产业深度转型升级而催生,以劳动者、劳动资料、劳动对象及其优化组合的跃升为基本内涵,以全要素生产率大幅提升为核心标志,特点是创新,关键在质优,本质是先进生产力。
>
> ——习近平总书记在二十届中央政治局第十一次集体学习时强调

新质生产力是先进生产力的一种升级版,它融合了最新科技成果,如人工智能、大数据和绿色能源,以更高效、环保的方式推动经济增长。它不仅追求经济效益,更注重社会价值,确保发展成果能够广泛共享,体现了以人为本和可持续发展的理念。根植于中国特色社会主义实践,新质生产力旨在应对中国特定的发展挑战,推动经济结构优化升级,实现高质量发展。图 1-1 为新质生产力基本内涵图。

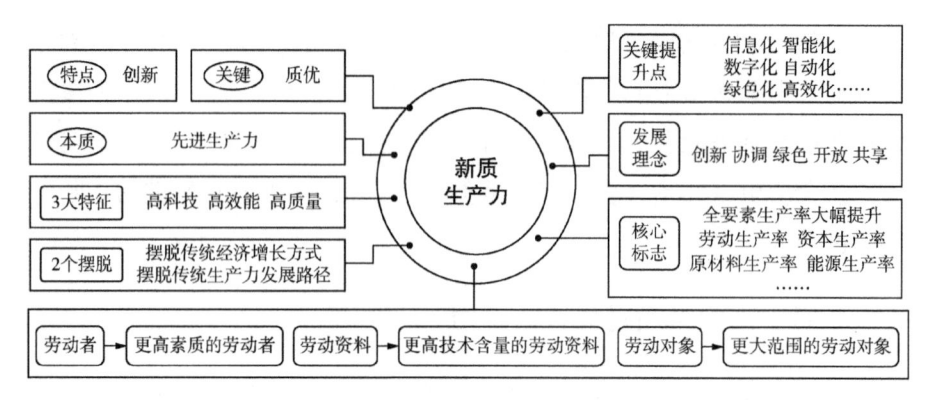

图 1-1 新质生产力基本内涵图
资料来源：敏捷智库自制

1.2 什么是生产关系？

生产关系的内涵

生产关系是人们在物质生产过程中结成的社会关系，是生产力诸要素相结合的社会形式，即生产方式的社会形式。生产关系就像是团队游戏中的一套规则，它决定谁拥有游戏的道具（如工厂或农田），也就是生产资料的所有权。这套规则还告诉你，在游戏中大家怎么合作，谁负责什么任务，这关乎劳动的组织方式。最后，生产关系也明确了游戏结束时，胜利果实——那些产品或利润，要怎么公平或者按规则分配给每个参与者。

马克思说，人们在自己生活的社会生产中发生一定的、必然的、不以他们的意志为转移的关系，即同他们的物质生产力的一定发展阶段相适合的生产关系。这些生产关系的总和构成社会的经济结构，即有法律的和政治的上层建筑竖立其上并有一定的社会意识形式与之相适应的现实基础。

生产关系是一切社会关系中最基本的关系，它是人们之间的物质利益关系，决定着政治、文化等其他方面的社会关系。生产关系的总和构成社会的经济基础。

生产力与生产关系紧密相连、辩证统一

生产关系与生产力是不可分的统一体。生产力和生产关系的统一构成社会生产方式。在生产方式中,生产力决定生产关系,一定的生产关系的产生、发展与变革都是由生产力决定的。

生产力就像是工厂里的机器和工人的技能,它决定了我们能生产什么和生产效率;而生产关系则是工厂的规章制度和人员分工,它影响着生产力的发挥程度。当生产关系适应生产力时,比如高效的管理配以先进的技术,就能激发更大的生产潜力,推动社会进步;反之,过时的制度或不当的分工会限制生产力,阻碍社会发展。社会发展就像一场接力赛,生产力和生产关系需要不断调整,达到动态平衡,才能持续前进,任何一方滞后都会影响整体表现,因此二者是紧密相连、辩证统一的。

唯物史观认为,生产力与生产关系、经济基础与上层建筑之间的矛盾,是社会基本矛盾。这句话告诉我们,生产关系与生产力是紧密相连的,它们之间的矛盾是推动社会发展的基本动力。当生产关系适应生产力的发展时,就能促进社会的进步;当生产关系阻碍生产力的发展时,就需要进行调整和变革;二者的辩证统一推动社会进步。图1-2为生产力和生产关系的相互关系图。

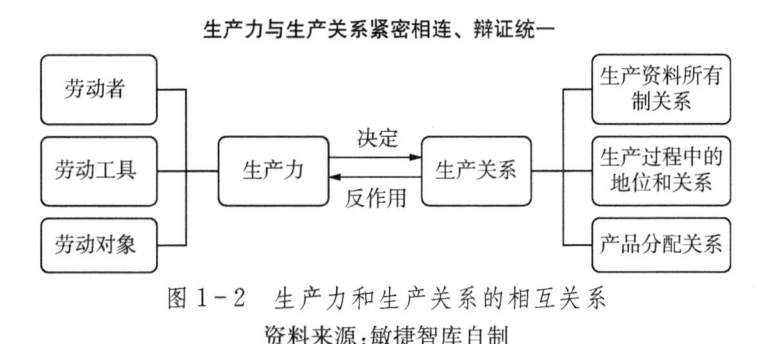

生产力与生产关系紧密相连、辩证统一

图1-2 生产力和生产关系的相互关系
资料来源:敏捷智库自制

新质生产力引领变革、催生新型生产关系

新质生产力,就像一把开启未来之门的钥匙,通过引入创新技术和高

效模式,打破传统生产框架,引领经济向更高层次跃升。正是这种生产力的革新,促使原有的生产关系面临挑战,迫使社会必须调整规则,比如更新产权制度、优化分配机制,以适应新技术带来的变化。

回顾历史,在工业革命期间,蒸汽机的发明极大地提高了生产效率,但同时也对传统的手工作坊制度构成了挑战。为了满足机器化大生产的需求,资本主义生产关系逐步取代了封建主义生产关系,工厂制度应运而生,这包括新的劳动分工、资本家与工人之间的雇佣关系以及利润导向的市场机制。

在现代社会,信息技术的发展正在重塑生产力,数字化、自动化和智能化正在改变我们的生产方式。这要求我们对生产关系进行相应的调整,比如更加灵活的工作安排、知识和数据成为重要的生产要素、共享经济模式的兴起等,都是为了更好地匹配新的生产力特征。在新质生产力的催化下,新型生产关系逐渐成型,它更注重共享、协作与可持续性,为社会带来更公平、更绿色的发展前景。

1.3　行动指南:如何优化生产力与生产关系?

> 生产关系必须与生产力发展要求相适应。发展新质生产力,必须进一步全面深化改革,形成与之相适应的新型生产关系。
>
> ——习近平

生产力决定生产关系,生产关系反作用于生产力。构建与新质生产力相适应的新型生产关系,既是马克思主义政治经济学的基本要求,也是加快形成和发展新质生产力的有力举措。

要如何优化生产力与生产关系呢?实践层面,大力形成新质生产力,进一步完善经济制度,在制度创新中形成发展活力。在高质量发展时代,我国需要深化经济体制改革,加快要素市场化改革,着力推进全国统一大市场建设,充分发挥超大规模的市场优势,为不同类型的所有制经济提供更加公平的营商环境,这样才能使市场在资源配置中发挥决定性作用。

科技创新是推动新质生产力发展的主引擎

科技是推动社会进步的核心力量,它不仅代表先进的生产力,更是经济发展的重要引擎。作为一种本质上由创新驱动的生产力,新质生产力形成的关键在于科技创新和产业升级之间的良性互动。

在数字技术和智能经济蓬勃发展的当下,这种科技创新与产业升级之间的良性互动表现为通过互联网和数字技术工具构建的平台经济,传统产业的高新科技化改造和生产体系的数字化、智能化等。

从根本上看,科技创新推动传统生产力诸要素及其组合方式发生质的变化,而传统生产力的跃迁又推动着产业体系依循"支柱产业—战略性新兴产业—未来产业"的脉络加快转型升级,并创造生成新产业、新业态、新模式。

因此,新质生产力所内含的创新驱动,以及在整合生产力诸要素基础上彰显的"科技创新—产业升级"关联性,决定了其是面向世界科技最前沿、面向经济主战场、面向国家发展战略需求,以高新科技创新驱动内涵式发展的社会生产力新形态。

高质量发展是推动新质生产力发展的强劲动力

高质量发展是经济社会持续健康发展的一个重要方向,对新质生产力和新型生产关系的发展起到重要的推动作用。通过优化供给结构、提升企业创新能力、加强城乡区域协调发展等具体措施,能减少无效和低端的产品与服务,增加有效和中高端的供给,提高整体供给体系的质量和效率,同时缩小城乡、区域之间的发展差距,实现共同富裕。通过鼓励企业加大研发投入、提升自主创新能力,催生出新的产业、新的模式和新的动能,为新质生产力的发展注入活力。同时,高质量发展强调市场主体的作用,推动形成与之相适应的新型生产关系,进一步全面深化改革,打破制约生产力发展的体制机制障碍,实现社会生产力与生产关系的和谐统一,为经济社会的持续健康发展奠定坚实基础。

场景驱动加速融合创新

> 数字技术正以新理念、新业态、新模式全面融入人类经济、政治、文化、社会、生态文明建设各领域和全过程,给人类生产生活带来广泛而深刻的影响。
>
> ——习近平

以大数据、云计算、区块链、人工智能为代表的技术创新在全域场景的融入与应用,带来了不同于以往生产力系统的新质态发展,实现了对经济社会人类交往方式的重构。例如,我们可以深入挖掘不同场景下的特定需求,通过大数据分析、市场调研等手段,了解消费者的需求变化,并开发定制化产品和服务以满足市场需求。在此基础上,制定场景化解决方案成为关键,即为特定场景提供一体化方案,提升用户体验和价值创造。这要求整合上下游资源,形成完整的产业链和价值链,加强跨领域合作,推动技术、产品和服务的融合创新,同时优化生产流程和组织方式,以提高场景化解决方案的效率和质量。

1.4 案例故事:VR/AR——重塑汽车行业的智慧之光

2024年,虚拟现实(VR)与增强现实(AR)技术正以前所未有的方式重塑汽车行业,深入到了汽车设计、销售乃至售后服务的每一个角落,引领着一场前所未有的变革。

设计的革新:从油泥到虚拟

曾经,汽车设计师们依赖的是手工雕刻油泥模型,将二维图纸上的线条转化为三维的实体。这一过程烦琐而漫长,每一次微小的改动都需要模型师的精心雕琢,耗费数月乃至半年的时间。然而,随着VR/AR平台的出现,这一切迎来了翻天覆地的变化。设计师们如今可以通过1∶1的比例在虚拟空间中创建 3D 模型,每一处细节都能得到精准的呈现。决策者只需戴上 AR 眼镜,坐进真实的驾驶舱内,便能全方位地审视汽车,甚至"驾驶"它穿越虚拟赛道。这一转变不仅极大地压缩了设计周期,还使每款车型节省高达 2000 元至 3500 元的成本,前所未有地提升了汽车行业的效率与经济性。

销售的蜕变:从展厅到虚拟世界

传统的汽车销售模式依赖于 4S 店的实体展示、销售人员的口头解说,这难以全面展现汽车的魅力。而现在,AR 技术将汽车行业带入了全新的维度。通过将环绕汽车的 360 度高清照片拼接成全景图像,顾客无论是在家中还是在 4S 店内,都能通过线上平台沉浸式地探索各款车型。从外观到内饰,从开启车门到体验驾驶,一切尽在眼前。更重要的是,借助 AR 互动体验,潜在买家甚至能在虚拟环境中提前感受新车在不同地形上的表现,从而做出更加明智的选择。

服务的升华:从被动到主动

汽车企业正逐步实现从被动服务到主动关怀的转型。通过对客户数据的深度分析,企业能够描绘出精准的用户画像,实现个性化的营销策略,满足每位客户的独特需求。同时,基于虚拟现实技术构建的培训环境,为员工提供了模拟操作的真实体验,无论是启动、加速还是紧急制动,都能在安全的虚拟环境中反复练习,显著提升服务水平和工作效率。

在车辆使用过程中,智能化的数据分析能够针对汽车的个性化动态性能进行标定,为车主提供定制化的驾驶建议。在保养维修方面,预测性维护系统能够提前预警潜在问题,避免意外故障的发生。车联网平台则进一步延伸了服务边界,从远程控制到实时路况展示,从故障诊断到专家咨询,一系列增值服务构建起了一个围绕汽车生活的完整生态系统。

从设计到销售,从服务到维护,VR 和 AR 技术正全方位地重塑汽车行业。它们不仅提升了效率,优化了体验,更开启了个性化、智能化的新纪元。在不远的将来,我们或许将见证一个全新的出行时代,其中汽车不仅是交通工具,更是连接人与世界的智慧载体。

第二章 创新引擎
——推动新质生产力的关键力量

新质生产力之"新",体现在培育战略性新兴产业和未来产业上。科技创新是发展新质生产力的根本动力,战略性新兴产业和未来产业是新质生产力的主要源泉,科技创新衍生的新产业、新业态、新模式是新质生产力的现实体现。党的二十大报告指出,"推动战略性新兴产业融合集群发展,构建新一代信息技术、人工智能、生物技术、新能源、新材料、高端装备、绿色环保等一批新的增长引擎","开辟发展新领域新赛道,不断塑造发展新动能新优势"。

2.1 什么是创新?

创新的内涵

"创新"这个词源于拉丁语词"INNOVARE",它由两个部分组成:"IN-"和"-NOVARE"。"IN-"作为前缀,在许多情况下表示"进入"或"内部",但在拉丁语中也可以表示"再次";"-NOVARE"则来自"NOVUS",意思是"新的"。因此,"INNOVARE"可以解释为"重新制作"、"更新"或"创造新的东西"。

在更广泛的语境中,"INNOVARE"还包含了"改变"的意思,尤其是指引入新的事物来替代旧的事物,或是对现有事物进行改进以达到更好的效果。随着时间的推移,这个词的意义逐渐演变为我们今天所理解的"创新"——一个涵盖科学研究、技术发展、艺术创作、商业策略等各种领域,旨在创造或改进产品、服务、方法或思想的过程。

经济学创新理论奠基人约瑟夫·熊彼特认为,创新就是要"建立一种新的生产函数,实现生产要素的重新组合"。生产要素是一个经济学概念,是指在生产过程中使用的各种资源。举个例子,制作一个蛋糕需要面粉、鸡蛋、糖等原材料,烤箱和搅拌器等设备,烘焙师傅的劳动,以及蛋糕店老板的管理和组织能力。这些要素结合起来,通过一定的生产过程,最终生产出商品或服务。重新组合这些生产要素(原材料、制作方法、生产设备以及管理方式)就可以实现创新。

心理学家、认知心理生理学的开创者唐纳德·赫布提出了一个理论——赫布学习律,又称突触学习学说。这一理论通常被简述为"一起放电的神经元会连接在一起"(Cells That Fire Together Wire Together),描述了大脑神经网络中的一个基本原理,即当两个神经元同时活跃("一起放电")时,它们之间的联系(突触)会更加紧密。这句话说明了学习和记忆在神经生物学层面上的一个基本机制,即共同激活的神经元会建立更紧密的连接。神经科学家埃里克·坎德尔就是因为在低等生物海兔身上验证了这个假设获得了 2000 年诺贝尔生理学或医学奖。虽然科学家们还没有在人脑中证实这个原理,但这是脑科学的底层假设,同时也为我们从大脑的角度理解创新提供了很好的借鉴。赫布学习律在日常生活中有许多应用。记忆和学习:在学习新知识或技能时,如学习骑自行车或弹奏乐器时,重复的练习会加强大脑中相关神经元之间的联系,使得这些技能随着时间的推移变得更加牢固。语言学习:学习新语言时,反复听到某个单词和其意义或关注上下文的联系,可以帮助我们记住这个单词。

还有很多产品和技术层面的创新方法论,例如,大家熟知的头脑风暴法、发明问题解决理论(TRIZ)、设计思维创新方法(Design Thinking)等。TRIZ 发明人根里奇·阿奇舒勒曾经是一位专利审核员,他统计过 20 万个有效发明专利,认为至少 99% 的技术发明是已有知识的组合。所以广泛地涉猎各种知识是创新的重要来源。

创新是将新颖的想法转化为实际行动的过程,想象一下,你有一个很棒的想法,可能是设计一个新产品、改进一个老办法,或者找到解决问题的新途径。创新就是把这个想法落地,让它真的发生,这样可以帮我们更好地生活,或者把事情做得更快、更好,它涉及利用现有资源与知识,在技术、产品、服务或方法上实现突破,以满足新需求或改善现状。

创新的本质在于持续探索未知,拥抱变化,它激发人类潜能,促进知识积累,是文明演进的关键推手。创新的核心在于其新颖性和对现状的改进,以及由此带来的潜在价值或效益。其内涵超越了单一的发明创造,涵盖了思维模式、管理制度乃至社会文化的革新,其目的是创造价值,推动社会进步和经济发展。创新是人类特有的认识能力和实践能力,是推动民族进步和社会发展的不竭动力。

> 纵观人类发展历史,创新始终是推动一个国家、一个民族向前发展的重要力量,也是推动整个人类社会向前发展的重要力量。创新是多方面的,包括理论创新、体制创新、制度创新、人才创新等,但科技创新地位和作用十分显要。
>
> ——习近平
>
> 大力推进科技创新。新质生产力主要由技术革命性突破催生而成。科技创新能够催生新产业、新模式、新动能,是发展新质生产力的核心要素。这就要求我们加强科技创新特别是原创性、颠覆性科技创新,加快实现高水平科技自立自强。
>
> ——习近平

推动新质生产力要加强科技创新和产业创新深度融合

科技创新,犹如新质生产力发展的核心引擎。它包含科学创新与技术创新两大方面:科学创新如同智慧的火花,点燃自然科学、人文科学、社会科学的知识宝库;技术创新则如工匠之手,通过技术发明、机器改良等活动,不断塑造新的生产工具与方法。这两股力量汇聚成一股不可阻挡的洪流,为新质生产力的发展注入了无穷的动力。马克思在《政治经济学批判大纲》中,将科学技术视为生产力的重要组成部分,并强调生产力中也包括科学。邓小平同志更是明确指出,科学技术是第一生产力。习近平总书记也强调,创新是引领发展的第一动力。面对新一轮科技革命的浪潮,科技竞争愈发激烈,谁能在科技创新这场棋局中抢占先机,谁就能赢得未来的优势。因此,我们必须紧紧依靠科技创新,特别是那些具有原创性、颠覆性的科技创新,加快实现科技自力自强,坚决打好关键核心技术攻坚战,为发展新质生产力培育新的强大动能。

产业创新,则是新质生产力发展的重要舞台。它像一位魔术师,通过打造全新的商业模式、培育新兴业态,巧妙地将科技成果转化为现实的生产力;它又像一位精明的管家,通过优化资源配置、提高生产效率,使得资源得到更加高效的利用,生产成本得以降低;它更像一位富有激情的指挥家,通过建设创新平台、完善创新机制,激发全社会创新的热情与活力。产业创新具有普遍性和社会化的特点,它无处不在,渗透于各个行业和领域,并且需要多个社会主体的共同参与和协作。产业创新能够进一步放大科技创新带来的生产力效应,产生广泛的扩散效应。正如马克思所言,一个工业部门生产方式的变革,会引发其他部门生产方式的连锁反应。产业之间紧密相连,产业创新的涟漪会沿着产业链条不断扩散。例如,新能源汽车市场的蓬勃发展,不仅推动了电池技术的进步和充电基础设施的完善,还使得电池的能量密度和安全性得到了显著提升,配套基础设施也变得更加便捷、高效。产业创新能够推动产业链的整合与优化,促进产业集群的形成与发展,为新质生产力的发展提供坚实的产业支撑。

同时,在新质生产力的推动下,融合创新成为推动经济社会发展的重要引擎。融合创新打破了传统壁垒和界限,促进了跨界合作和协同创新。通过融合创新,可以催生出新的学科方向和经济增长点,为新质生产力的发展提供源源不断的动力。融合创新不仅推动了技术的跨界融合,还促进了产业间的协同发展,为新质生产力的壮大开辟了更广阔的道路。

2.2 融合创新：让新质生产力展翅翱翔

融合创新是指将各种创新要素通过创造性的融合，使各创新要素之间互补匹配，从而使创新系统的整体功能发生质的飞跃，形成独特的、不可复制、不可超越的创新能力和核心竞争力。这一概念最早由经济学家熊彼特在其名著《经济发展理论》中系统提出，并随着科技进步和时代发展不断得到丰富和拓展。

融合创新强调的是跨学科、跨领域以及跨行业的协作与整合，其核心在于结合不同的专业知识、技术和创意，提出全新的解决方案，创造出全新的产品或服务。这种创新模式鼓励打破传统的思维框架和行业边界，通过多领域知识的交汇与碰撞，产生超越单一领域局限的突破性成果。在当今快速发展的时代，各个领域、各个行业之间的界限变得越来越模糊，跨界合作、协同创新成了新的发展趋势。融合创新就是将不同领域、不同行业、不同技术层面的知识和资源进行有机整合，打破传统壁垒，形成新的增长点。

在实践中，融合创新的例子比比皆是，例如生物医学工程将生物学、医学与工程学相结合，智能交通系统融合了信息技术、通信技术与交通运输管理，而金融科技则是金融与科技的深度融合产物。这些融合创新成果不仅推动了科学技术的进步，也极大地促进了经济社会的发展。

融合创新助推传统产业升级转型

融合创新作为新时代的智慧引擎，正引领着信息技术、人工智能与大数据等前沿科技的精妙交织，为传统产业注入前所未有的变革动力。这不仅是一场技术的革新，更是一次思维模式的跃迁，它让信息的智慧之光穿透产业的每一个角落，让 AI 的睿智思维引领精准高效的决策，让大数据的浩瀚海洋成为挖掘潜在价值的无尽源泉。

当这些尖端科技与传统产业深度融合，就如同为古老的巨轮装上了强劲的风帆，驱动其在现代化的浪潮中破浪前行。生产效率的飞跃式提升,不再是遥不可及的梦想;产品质量的根本性改善,成了常态化的追求。更重要的是,这种融合创新催生了全新的商业模式和产业生态,让传统产业在数字化转型的大潮中,找到了属于自己的航道,从传统迈向现代,从"旧"到"新",完成了一场脱胎换骨的蜕变。

在这场创新的盛宴中,传统产业不再受限于过往的枷锁,而是以更加开放的姿态拥抱变化,焕发出前所未有的生机与活力。它们学会了用数据说话,用智能决策,用创新引领,从而在激烈的市场竞争中站稳脚跟,甚至成为行业发展的领跑者。融合创新,正是传统产业实现华丽转身的关键钥匙,它开启了一扇通往未来的大门,让"旧"与"新"之间的界限变得模糊,让每个行业都有机会在新时代的舞台上绽放光彩。

通过融合创新,我们可以将信息技术的智慧之光、人工智能的睿智思维、大数据的浩瀚海洋等,巧妙地应用到传统产业之中。这些先进技术的引入,如同为传统产业插上了翅膀,使其生产效率得到显著提升,产品质量得到根本性改善。传统产业在融合创新的推动下,焕发出了新的生机与活力,实现了从"旧"到"新"的华丽转身。

融合创新助力新兴产业疾驰发展

融合创新,犹如一座横跨时代的桥梁,连接起传统产业与新兴产业带来无限可能。它不仅汲取了传统产业中沉淀的宝贵经验、深厚的行业知识以及丰富的物质与非物质资源,更将这些珍贵的经验、知识、资源转化为新兴产业发展的沃土。这一过程,不仅是技术的传递,更是智慧的接力,让新兴产业得以站在巨人的肩膀上,向着更高远的目标迈进。例如,诞生于传统工艺时代的手表,如今不仅可以显示时间,还能监测人的心率、睡眠质量,甚至预警潜在的健康问题。这就是融合创新的成果——智能穿戴设备。

通过跨界合作与协同创新,新兴产业获得了来自传统产业的坚实支撑。这种支持不仅体现在资金和人才的流动上,更体现在思维方式的碰撞与融合,以及对市场趋势的深刻洞察上。传统产业的稳健与新兴产业的灵动,在融合创新的催化下相得益彰,新兴产业因此得以迅速壮大,其成长速度和成熟度令人瞩目。更重要的是,融合创新还激发了新兴产业的创新能力,促使它们不断探索未知领域,开发前沿技术,解决社会难题。这些新兴产业在融合创新的引领下,不仅成长为经济发展的新引擎,更成为推动社会进步、增进人类福祉的重要力量。它们的蓬勃发展,昭示着一个充满活力、可持续发展且包容性强的新时代正在到来,为全球范围内的经济结构优化升级和高质量发展注入了源源不断的动力。

融合创新为我们打开了一扇将传统产业中的宝贵经验、深厚知识和丰富资源应用到新兴产业中的大门。这种跨界合作、协同创新的方式,不仅为新兴产业提供了坚实的支撑和助力,更推动其快速发展和成熟。新兴产业在融合创新的滋养下,如同雨后春笋般蓬勃生长,展现出了强大的生命力和广阔的发展前景。

融合创新促进跨界合作释放动能

在当今这个快速变化的时代,融合创新已成为推动社会进步的一股强劲力量,它不仅催生了前所未有的跨界合作与协同创新方式,更为全球新质生产力的发展注入了源源不绝的活力。当科技、文化、经济等领域跨越传统边界,携手并进时,它们共同编织出一幅幅绚丽多彩的市场图景,创造出一系列前所未有的商业机会和经济增长点,激发了全球经济的潜力与活力。

想象一下,当你戴上 VR 眼镜,瞬间就能置身于古罗马的竞技场,或是漫步于未来的太空站,这一切不再是科幻电影中的场景,而是融合创新带给我们的现实体验。融合创新,就像一把神奇的钥匙,打开了传统与新兴领域之间的大门,让不同行业的人才、技术和创意汇聚一堂,创造出令人惊叹的产品和服务,同时也为我们的生活带来了无限的可能性。

融合创新所带来的这种跨界合作、协同创新的方式,不仅为新质生产力的发展提供了源源不断的强大动力,更为我们创造了新的市场机遇和经济增长点。在过去,农业被视为一个相对传统的行业,但在融合创新的推动下,它已经与物联网、大数据、人工智能等现代技术紧密结合,诞生了智能农场的概念。通过无人机进行精准播种、机器人负责田间管理、传感器实时监测作物生长状况,这些原本只出现在科技领域的设想,现在成了现代农业的一部分,极大地提高了农业生产效率和产品质量,同时也保护了环境,减少了资源浪费。

融合创新打破了"传统"与"新兴"之间的界限,让不同领域、不同产业之间的合作变得更加紧密和高效。这种全新的合作模式和思维方式,将进一步推动新质生产力的蓬勃发展,为经济社会的持续进步和繁荣贡献出更加强大的力量。

2.3　行动指南:如何参与融合创新?

习近平总书记指出:"以科技创新为引领,统筹推进传统产业升级、新兴产业壮大、未来产业培育,加强科技创新和产业创新深度融合。"新产业是新质生产力的重要载体,科技创新和产业创新双轮驱动,才能推动新质生产力加快发展。那么,如何才能更好推动科技与产业的融合创新呢?

畅通科技创新成果转化通道

发展新质生产力,需要我们珍视那"从 0 到 1"的原始创新火花,它是创新的种子,孕育着无限可能;同样,我们也不能忽视"从 1 到 N"的产业转化力量,它如同催化剂,让科技成果在现实中生根发芽,绽放出生产力的绚丽之花。我国拥有着超大规模市场的广阔舞台、完备的产业体系的坚实基石、丰富应用场景的生动画卷以及综合生产成本的独特优势。这些有利条件,如同肥沃的土壤,为科技成果转化为新质生产力提供了得天独厚的环境。我们要紧密围绕产业创新的脉搏,精心部署科技创新的布局,建设起一批批产业技术创新平台,布局中试和应用验证的"试验田",让科技创新的成果如涓涓细流,汇聚成推动现实生产力奔腾向前的磅礴力量。

推动传统产业升级、新兴产业壮大、未来产业培育

我们仿佛是巧手的织锦者,用高端化、智能化、绿色化的丝线,在传统产业的织锦上绣出崭新的图案,让人工智能等新一代数字技术如魔法般渗透到研发设计、生产制造、营销网络、经营管理的每一个环节,推动传统产业在数字化、智能化上焕发新生。同时,我们聚焦新能源、新材料等关键领域,如同培育一颗颗希望的种子,让它们在新兴产业的沃土上茁壮成长,实现集群化发展,成为经济增长的新引擎。而对于未来产业,我们更是以前瞻性的眼光布局,如同探索未知的航海家,鼓励多条技术路线并行探索,开辟出产业发展的新航道,塑造未来竞争的新优势。

围绕新质生产力发展布局产业链

在全球产业链、供应链加速重构的浪潮中,我们更要围绕发展新质生产力来精心布局产业链。面对挑战,我们要发挥创新的主导力量,如同一位智慧的工匠,不断强化关键核心技术的攻关,精心修补产业链的短板,强化优势环节,提升产业链、供应链的韧性和安全水平,让我国的产业体系更加坚固、完备、壮大。

我们还要促进科技、产业、金融的良性循环,如同为创新的生态系统注入源源不断的活力。我们要打通创新链、产业链、资金链深度融合的每一个堵点,让科技与产业紧密握手,资金与需求精准对接,为科技创新和科技成果转化营造出一片生机勃勃的金融生态林。我们鼓励创业投资、股权投资等多元化金融资本的发展,满足科技企业不同生命周期的资金需求;我们支持长期资本、耐心资本、战略资本更多地投向科技创新的田野;我们积极探索信贷融资支持科技创新的新模式,释放银行体系支持科技创新的巨大潜能,共同构建起一个全方位、多层次的科技金融服务体系。

全面培养创新意识与能力以赋能未来

作为中学生,我们应当积极参与到融合创新中去。我们可以通过学习科学课程、参与科技竞赛和创新项目来培养自己的创新意识与实践能力,为未来的科技创新打下坚实基础。同时,我们应利用课余时间了解当前的产业发展趋势和新兴技术应用,思考如何将所学知识应用于实际问题的解决中。参与社会实践等活动,亲身体验科技创新与产业转化的过程,积累实践经验,也是极为重要的。在学习过程中,我们还应注重跨学科知识的融合与应用,培养解决复杂问题的综合能力,以适应未来融合创新的趋势。最后,了解国家和地方关于科技创新和产业创新的政策动态以及金融支持措施,为将来的创新创业活动做好准备,同样不可忽视。

2.4 案例故事:人脸识别系统——从幼儿园安全屏障到智慧城市守护者

在A科技公司,一位女员工的日常生活突然与一项前沿科技紧密相连。一天,她像往常一样前往幼儿园接孩子,却被一则新闻震惊:一名嫌疑人竟然从幼儿园冒领走了一个幼童,警方正在紧急调查中。这一消息在家长们中间引起了轩然大波,担忧与不安的情绪在人群中蔓延。每天,幼儿园门口都会聚集一群焦急等待的家长,人潮涌动,显得杂乱无章。如何确保孩子们的安全,成了所有人最关心的问题。

在这一刻,这位女员工心中萌生了一个大胆的想法:如果有一种技术,能够精准识别每一位家长的身份,那么孩子们的安全将得到极大的保障。她想到了近年来迅速发展的"人脸识别"技术,这个念头如同一颗种子,在她心中生根发芽。她迅速整理了一份关于开发幼儿园人脸识别应用的项目方案和申请报告,递交给了公司的决策层。经过一番深思熟虑,公司高层看到了这一创新应用的巨大潜力,决定投资研发这一项目。

从此,无数个不眠之夜开始了。研发团队夜以继日地工作,从算法优化到硬件调试,从数据安全到用户体验,每一个环节都倾注了无数心血。最终,一款专为幼儿园设计的人脸识别APP诞生了,它如同一道坚实的屏障,守护着孩子们的笑脸。

如今,在机场、银行、酒店、办公大楼等地,人脸识别系统被广泛应用于身份验证,确保了公共场所的安全。而在大型商场、超市,这项技术则化身为商业决策的智囊,通过对人流量的实时统计和大数据分析,商家可以精准洞察消费者的偏好,制定出更有效的营销策略。在旅游景区,系统能够根据游客入园信息,分析出日均和高峰期的客流量,以及游客的地域来源,为景区的运营提供了有力的数据支持。公安部门更是利用人脸识别技术,在交通枢纽和人流密集区域,快速锁定犯罪嫌疑人,为社会治安筑起了一道坚固防线。在学校,这项技术不仅简化了宿舍管理,还为学生的安全提供了额外的保障。

从一个幼儿园的安全需求出发,人脸识别技术迅速成长为智慧城市不可或缺的守护者,它的应用范围日益广泛,影响力日渐深远。这不仅是一段技术的诞生历程,更是一场关于创新、安全与便利的美丽邂逅。

第三章 勇攀高峰
——迈向高质量发展的不懈追求

新质生产力的"质",其核心精髓在于高质量发展,它标志着生产力正从传统模式向科技创新驱动模式加速发展。加速培育新质生产力,无疑是中国经济追求高质量发展的关键突破口和核心议题。这要求我们加快产业技术的革新步伐,同时,政府与市场需携手并进,将更多资源精准配置到高效率产业之中,实现资源配置的最优化。如此,方能促成产业结构的优化升级,全面提升全要素生产率,不仅推动经济总量持续稳健增长,更实现经济质量的飞跃式提升,迈向高质量发展的崭新征程。

3.1 什么是高质量发展?

高质量发展的内涵

高质量发展,是在全球科技革命与产业变革的澎湃浪潮中,我国经济从昔日的高速增长阶段迈入中低速发展的新常态,在社会主要矛盾发生深刻变化的关键时刻,党中央对我国当前经济发展阶段的精准判断,同时也是对未来我国经济社会发展描绘的新蓝图、提出的新目标与新要求。正如习近平总书记所强调:"我国经济已由高速增长阶段转向高质量发展阶段。"

  高质量发展是全面建设社会主义现代化国家的首要任务。发展是党执政兴国的第一要务。没有坚实的物质技术基础,就不可能全面建成社会主义现代化强国。必须完整、准确、全面贯彻新发展理念,坚持社会主义市场经济改革方向,坚持高水平对外开放,加快构建以国内大循环为主体、国内国际双循环相互促进的新发展格局。

  ——习近平:《高举中国特色社会主义伟大旗帜 为全面建设社会主义现代化国家而团结奋斗》

  高质量发展是一场全方位、深层次的综合变革之旅。它始于经济领域的精耕细作,犹如一粒种子,在经济的沃土中生根发芽,随后逐渐伸展其枝蔓,跨越经济疆界,向社会生活的广阔天地渗透蔓延。

  想象一下,高质量发展就像是培育一棵巨大的生命之树,这棵树的根深深扎在肥沃的经济土壤之中,它的种子在精心照料下破土而出,渐渐长成幼苗。这棵幼苗在阳光和雨露的滋养下茁壮成长,它的枝干日益粗壮,叶子愈发繁茂。

  这棵树的根系不仅吸收着经济的养分,还向四周扩展,触碰到社会的每一个角落——教育、医疗、环保、科技等等,就像树根延伸到土地深处,它为整棵树提供稳定和支持。它的枝叶覆盖了内政外交、国防安全、党的建设、国家治理、文化传承和生态保护等领域,象征着高质量发展对国家全方位、多层次的影响。

  这棵树的主干代表着国家的核心力量,它的高度和强度反映了国家在世界舞台上的地位和影响力。而树上的果实,则是高质量发展所带来的实实在在的成果,包括经济增长、社会稳定、科技进步、文化繁荣以及生态环境的改善。在我国当前的发展阶段,高质量发展已不再是单一经济维度的要求,而是社会主义现代化强国建设征程中的全面号角。它涵盖了内政外交、国防的广阔舞台,治党、治国、治军的深刻实践,以及政治、文化、社会、生态的每一个细微之处。

高质量发展与新质生产力同频共振

> 高质量发展需要新的生产力理论来指导,而新质生产力已经在实践中形成并展示出对高质量发展的强劲推动力、支撑力,需要我们从理论上进行总结、概括,用以指导新的发展实践。
>
> ——习近平

发展新质生产力、推动高质量发展都是我国主动适应新时代发展阶段、环境和条件变化所作出的战略选择,两者在理论与实践层面具有逻辑一致性,彼此同频共振。

理论方面,高质量发展是新时代的硬道理,需要新的生产力理论指导。高质量发展关键在于转变经济发展方式、调整经济结构,使经济增长主要依靠科技进步、劳动者素质提升和管理创新。高质量发展应提升各生产要素效率,推动科技进步,提高全要素生产率。新质生产力以创新为主导,标志为全要素生产率大幅提升,旨在摆脱传统增长方式,形成先进生产力。发展新质生产力需遵循生产力发展规律,调整生产关系,通过技术革命优化动力结构,实现生产要素创新配置,推动质量、效率、动力变革,实现高质量发展。新质生产力和高质量发展均创造性地运用马克思主义唯物史观和辩证法,结合中国发展实践,解答新时代发展要素、结构、动力和趋势等方面的重要问题,实现理论新拓展与跃升。

实践方面,发展新质生产力是贯彻新发展理念的关键,旨在解决发展不平衡不充分问题,为高质量发展提供支撑。其核心在于抓住创新,特别是科技创新,催生新产业、新模式、新动能,摆脱传统经济增长方式,解决发展动力问题,释放发展潜能。这需要积极调动城乡区域生产要素,促进新要素高效流动和有效配置,发挥各地比较优势,解决发展短板,提升城乡区域协调发展整体效益,增强高质量发展的平衡性。同时,发展新质生产力要加快形成绿色生产力,推进经济、能源、产业结构转型升级,实现人与自然和谐共生。此外,还需在全球视野下汇聚和配置新生产要素,促进新技术变革和新业态、新产业、新模式发展,解决内外联动问题,实现中国与世界的深度融合。最终,发展新质生产力将创造更多高质量新供给,满足人民美好生活需要,带动生产关系变革,促进人的全面发展。

3.2 高质量发展:让新质生产力铿锵有力

深刻理解新质生产力的科学内涵,紧抓高质量发展这一新时代硬道理,洞悉全球生产力发展的澎湃潮流,我们需积极塑造与新质生产力翩翩起舞的新型生产关系,不断释放和发展社会生产力的无限潜能,为高质量发展注入源源不断的鲜活动能。

培育壮大新型劳动队伍

人的劳动是推动生产力和经济发展的最活跃脉搏。加速发展新质生产力,就要全面提升全社会的人力资本,锻造一支与新质生产力默契无间的劳动者雄师。在人类历史的浩瀚长河中,劳动者的双手就如同那永不疲倦的桨,推动着社会进步的巨轮破浪前行。在新时代的浪潮下,提升全社会的人力资本,就好比是在这片汪洋中铸造一艘艘更为坚固、速度更快的舰艇,让它们在知识与创新的海洋中航行得更远。我们需要完善人才培养体系,让教育的雨露滋润每一片渴望成长的土壤;我们需要优化人才使用机制,让合适的人才在合适的岗位上发光发热;我们需要建立公正的评价体系,让每个人的贡献都能被看见和认可;我们需要设计合理的激励政策,让辛勤的汗水转化为甜蜜的果实。同时,职业教育是这场变革中的重要环节,它就像是一座桥梁,连接着理论与实践的两岸,帮助劳动者掌握新知、驾驭新技术,使他们成为时代的新宠儿,勇敢地迎接每一次挑战,拥抱每一个机遇。

深入践行人才强国战略,不断完善人才培养、使用、评价、激励的全方位制度,让教育、科技、人才三者同频共振、一体推进,为新质生产力的发展、为高质量的飞跃培育急需的英才,不断壮大创新型、技能型人才的队伍,加速构建世界重要人才中心的高地。同时,要强化对劳动者的职业教育,塑造更多拥抱新知识、善用新技术的新时代劳动者。

强化科技创新的引领作用

在浩渺的时间长河里,创新犹如一道永恒的光束,穿透历史的厚重帷幕,引领着人类文明的航船驶向未知的彼岸。当新质生产力如初升的太阳般冉冉升起,它的光芒正逐渐取代旧时代的余晖,成为照亮未来的主光源。此刻,我们必须站在时代潮头,像一位技艺高超的舵手,紧紧握住科技创新的舵盘,洞察科技革命的每一丝风向变化,引领我们的巨轮稳健前行。

创新在新质生产力中占据主导地位。我们要从全人类进步的历史长河和时代前沿中精准把握新科技革命的方向,发挥新型举国体制的独特优势,完善科技创新的宏伟体系,加强国家战略科技力量的建设,坚决打好关键核心技术的攻坚战,持续提升科技创新的自立自强能力,勇敢地抢占未来科技发展的"无人区"和制高点,在科技发展新领域不断取得新的突破和飞跃,为新质生产力的蓬勃发展提供永不枯竭的动力源泉。

拓展新领域、新类型、新空间

在人类历史的宏伟大道上,新型工业化犹如一曲盛大的交响乐章,奏响时代的最强音。想象一下,新技术与新模式,就像是一对双子星,它们在天空中划出炫目的轨迹,引领着传统产业凤凰涅槃,浴火重生。传统产业,作为曾经的工业巨人,如今在数字与智能的魔法下,焕发新生,变身成为灵活的舞者,在绿色的舞台上旋转跳跃,展现出前所未有的活力与魅力。

新一代信息技术、高端装备制造、新能源、新材料,它们宛如巍峨的群山,矗立在新质生产力的版图之上,构成了一道道令人叹为观止的风景线。这些战略性新兴产业,不仅是国家实力的象征,更是推动经济社会向前迈进的不竭动力,它们在实体经济的沃土上生根发芽,茁壮成长,为新型工业化铺就了坚实的基石。

与此同时,我们的眼界远不止于此,我们眺望着未来产业的神秘领域,那里有尚未被探索的星辰大海。前沿颠覆性技术,如同一颗颗璀璨的流星,带来未知世界的召唤。我们布局未来,就如同在星际间撒下希望的种子,等待着它们在时间的沃土中开花结果。

深入推进新型工业化的壮丽进程,紧握数字化、智能化、绿色化的发展方向盘,以新技术、新模式为引擎,带动传统产业加速转型升级,加快培育壮大新一代信息技术、高端装备制造、新能源、新材料等战略性新兴产业,为新质生产力的发展奠定坚实的制造基石,稳固其发展的实体经济基本盘。同时,我们要着眼打造更多前沿颠覆性技术的新应用场景,强化未来产业的前瞻性布局,勇敢地抢占产业发展的新领域、新赛道,创新生产方式,不断拓展生产的崭新边界,催生出一个又一个的生产新空间。

提高生产要素的配置效能

依据新质生产力发展的方向与需要,促进生产要素的优化重组与高效配置是实现生产力飞跃的必要条件。新质生产力就如同一座正在建造的摩天大楼,而生产要素则是这座大楼不可或缺的砖石。要让这座大楼拔地而起,屹立于云端,我们必须确保每一块砖石都被放置在最合适的位置,发挥出最大的效能。

建设全国统一大市场,则如同打造一个广阔的舞台,让所有生产要素都能在这个舞台上自由流动、尽情展现。我们要确保这个舞台足够宽广,没有阻碍,让资本、人才、技术等生产要素如同清澈的溪流,自由汇入经济的海洋,形成澎湃的浪潮。

健全要素参与收入分配的机制,就好比制定公平的游戏规则,确保每一位参与者都能根据自己的贡献获得相应的回报。这不仅仅是为了奖励辛勤的劳动者,更是为了激发他们的潜能,让知识、技术、管理、资本和数据这些"乐手",能够全情投入,共同创造经济发展的辉煌乐章。

优化生产要素的配置,不仅能够提升整体的经济效率,还能够激发各生产要素的内在活力,让新质生产力的发展如同一首激昂的交响曲,奏响人类社会进步的最强音。对于中学生而言,理解这些经济原理,就如同学习音乐理论,不仅能培养对经济运行规律的敏感度,还能激发对国家发展战略的兴趣,为将来投身于国家建设和社会发展打下坚实的基础。

3.3 行动指南:如何参与高质量发展?

习近平总书记指出:"高质量发展是全面建设社会主义现代化国家的首要任务。"这深刻揭示了我国当前发展阶段的新要求。面对这一时代命题,中学生作为新时代的青年力量,也应当积极投身其中,为实现高质量发展贡献自己的力量。

树立新发展理念意识

中学生应深入学习和理解"创新、协调、绿色、开放、共享"的新发展理念,认识到其对我国社会发展以及新质生产力推动的重要性。将新发展理念作为个人成长和发展的指导原则,积极关注国家发展动态,特别是新质生产力在实践中的应用和成效,如数字经济、智能制造等新兴领域的发展。

在当今这个日新月异的时代,中学生们不仅是知识的接收者,更是未来的创造者。你们正处于人生中最具好奇心和求知欲的阶段,这正是深入学习和理解"创新、协调、绿色、开放、共享"的新发展理念的最佳时期。这些理念不仅是中国社会发展的指南针,也是推动新质生产力进步的关键引擎。

中学生们将这些新发展理念作为个人成长的灯塔,不仅能够更好地理解国家的发展战略,还能在日常生活中践行这些理念,成为推动社会进步的一份子。你们是时代的见证者,更是未来的塑造者。通过深入学习和理解新发展理念,你们将成为推动新质生产力发展的先锋,用知识和行动,为国家和社会的持续繁荣贡献力量。

培养创新能力,推动创新发展

中学生应积极参与学校的科技创新活动,培养创新思维和问题解决能力。在日常学习中,注重将新知识、新技术,特别是与新质生产力相关的技术,如人工智能、大数据等,应用到实际生活中,解决实际问题。通过创新实践,不断提升自己的创新能力和水平,为高质量发展注入新的活力,推动新质生产力的不断壮大。

在数智时代,你们不仅是知识的海绵,更是创新的火花。你们正处在好奇心旺盛、想象力丰富的黄金年龄,这是探索世界、挑战常规、激发创新思维的最佳时期。通过参加科技竞赛、发明展览或是加入 STEM(科学、技术、工程和数学)俱乐部,与志同道合的同学一起,探索机器学习、物联网、机器人技术等前沿领域。这些活动不仅能够拓展你们的视野,还能够激发你们的创造力,或许就在不经意间,一个小灵感,就可能孕育出改变世界的大创新。

创新不是科学家或工程师的专利,它属于每一个人,尤其是像你们这样充满激情和梦想的年轻人。通过在日常学习中主动寻找将新知识、新技术应用于实际生活的途径,不仅能够加深对科技的理解,还能培养出敏锐的观察力和批判性思维,这些都是未来创新者必备的素质。

中学生是新质生产力的未来引擎,每一次创新实践,都是向世界宣告:年轻一代不仅有梦想,更有行动,我们正以创新为帆,乘风破浪,驶向充满无限可能的明天。所以,不要犹豫,勇敢地迈出创新的第一步,你们的每一个小成就,都将汇聚成推动社会高质量发展的巨大力量。

践行绿色发展,守护生态环境

中学生应树立环保意识,从日常小事做起,如节约用水、用电,减少浪费。积极参与环保活动,倡导绿色生活方式,鼓励身边的人一起践行环保行动。同时,关注新质生产力在绿色发展方面的应用,如清洁能源、环保技术等,通过实际行动,为推进美丽中国建设、实现永续发展贡献自己的力量。

在追求科技进步和经济繁荣的同时,我们不能忽视地球母亲的呼唤。中学生不仅是知识的探索者,更是未来绿色世界的建设者。树立环保意识,从日常生活的点滴做起,是每个青年学子的责任与使命。关注新质生产力在绿色发展方面的应用,将会打开一扇通往科技与自然和谐共生的窗口。清洁能源的广泛应用,如太阳能、风能,不仅减少了对化石燃料的依赖,还为清洁空气、减少温室气体排放做出了巨大贡献。环保技术的创新,如废水循环利用系统、智能垃圾分类装置,正在改变我们处理废弃物的方式,推动循环经济的发展。作为中学生,可以通过参观科技展览、参加科普讲座,深入了解这些前沿技术,甚至尝试自己动手制作小型环保设备,如家庭雨水收集系统或自制太阳能烤箱,将课本知识转化为实践行动。

开阔国际视野,拓展发展空间

在 21 世纪的今天,全球化不再是遥远的概念,而是我们生活的一部分。我们正站在一个前所未有的时代交汇点,拥有着无限的潜力和机遇。作为中学生,你们需要关注国际动态,了解不同国家的文化和发展经验,特别是新质生产力在全球范围内的发展趋势和合作机遇。通过互联网,跨越千山万水,你们可以与来自世界各地的同龄人交流学习,讨论各自国家的新质生产力发展趋势。这些跨国界的对话,不仅能够增进彼此的了解,还能激发创新的火花,让你们意识到科技无国界,创新共命运。

中学生是未来连接世界的桥梁和纽带,每一次尝试和探索,都是在为构建一个更加互联互通的世界铺路。通过国际化的交流,你们会发现,许多全球性的挑战,如气候变化、公共卫生难题、数字鸿沟,都需要国际社会的共同努力才能解决。作为未来的领导者,你们将有机会参与到这些全球议题的讨论和研究中,通过合作项目和国际竞赛,为推动新质生产力的全球化发展贡献自己的力量。

3.4 案例故事:绿科技——让老企业焕发新生的奇迹

在一个被岁月遗忘的角落,有一座曾被烟尘笼罩的老工厂,空气中弥漫着刺鼻的气味,仿佛诉说着过往的辛酸。然而,时光流转,一场绿色科技的革命悄然降临,彻底改变了这一切。如今,这里已变成了一片生机盎然的绿洲,草木葱茏,鲜花盛开,空气中弥漫着清新的芬芳,仿佛大自然的恩赐。

在这片绿色的乐土上，一场前所未有的变革正在进行。曾经，循环水泵的流量控制如同一位疲惫舞者的舞蹈，时而快，时而慢，无法找到那完美的节奏。但现在，一切都变了。借助先进的水泵变频远程调整技术，流量控制能够轻松实现，稳定而高效，不仅大大节省了电力消耗，还实现了系统自动调节负荷，生产过程快速稳定。在线能耗分析与数字孪生服务，如同一双智慧的眼睛，洞察装置能耗，给出节能建议，让生产效率与经济效益双丰收。

更令人振奋的是，这家企业正迈向"5G＋智能工厂"的新时代。在这里，工业互联网平台成了"中枢神经"，大数据、人工智能、云计算、机理模型等新兴科技与绿色低碳技术完美融合，犹如魔术师的法杖，让整个工厂焕发出前所未有的活力。全厂管理场景一目了然，生产过程智能优化，能效总览清晰可见，智慧系统节能高效，设备设施远程监控诊断，安全环保应急处理迅速到位。据初步估算，这一系列升级举措将为企业每年节省成本约1500万元，同时，中国首个5G＋工业互联网智慧空气分离项目在这里诞生，书写绿色科技新篇章。

走进车间，仿佛踏入了未来世界。焊接机器人挥舞着灵巧的手臂，精准焊接每一处细节；六轴机器人自动上下材料，宛如训练有素的工人；光纤激光切割机器人舞动着，切割出精确无误的零件。随着自动化智能生产线的高效运转，智能工厂升级改造项目正如火如荼地进行，未来将实现真正的无人值守、自动周转，无缝对接公司级制造执行系统（MES）与企业资源管理系统（ERP）。焊接产能每月提升至1000～1200吨，效率惊人。

这一切都归功于绿色科技的魔力，它让一家老企业脱胎换骨，焕发新生。这是一个关于转变的故事，一个关于绿色科技如何改变世界的真实案例。在绿科技的引领下，老企业不仅重获新生，更向着更加智能、绿色、高效的未来大步迈进。

第四章　挥毫场景
——描绘大美未来的多彩蓝图

4.1 什么是场景？

何为场景？

近年来,"场景"一词作为前沿技术和颠覆性技术应用实践的特定载体,频繁出现在促进科技成果转化、产业创新发展的政策文件中。

> 充分发挥海量数据和丰富应用场景优势,促进数字技术与实体经济深度融合。
> ——《中华人民共和国国民经济和社会发展第十四个五年规划和2035年远景目标纲要》
>
> 加快工业元宇宙、生物制造等新兴场景推广,以场景创新带动制造业转型升级。
>
> 依托载人航天、深海深地等重大工程和项目场景,加速探索未来空间方向的成果创新应用。
>
> 针对原创性、颠覆性技术,建设早期试验场景,引领未来技术迭代突破。
> ——《工业和信息化部等七部门关于推动未来产业创新发展的实施意见》

什么是场景呢？所谓"场景"，原是文学，特别是影视、戏剧中常用的概念，意指事件、故事在小说、戏剧、影视作品中发生的空间或情境，或构成的具体画面。场景包括时间、地点、人物、事件四个基本要素。21世纪初，随着互联网和电子商务的发展，Kenny和Marshall基于互联网无处不在的连接，最早提出了场景营销（Contextual Marketing）的概念，其目的在于精准识别消费者的场景化需求并通过场景触发消费行为，为企业获取用户、建立场景认知和使用习惯提供支持[①]。

随着时代与技术的发展，场景的概念具有新时代的特征，它是指新技术、新产品应用于何种条件或环境之下，实现何种功能，以及主要由哪些用户构成等。其目标可以是满足用户的产品需求，改善用户的消费体验，或者为用户在生产、生活中遇到的问题提供技术支持和解决方案。场景的实施环境既可以是工厂、办公室、家庭等现实的物理环境，又可以是网上的虚拟空间。例如，高清视频收看、虚拟现实应用、车间中的万物互联、无人驾驶的车路协同通信等，都是具体的应用场景。在数字经济时代，场景作为企业和用户持续交互的载体，通过对用户情感和行为进行分析，推动企业的商业逻辑向技术开发、产品设计和用户价值与场景匹配转变，以充分发挥数据与场景的双重价值倍增效应。

何为场景驱动？

在数字经济时代，一种新的创新方式正在兴起，我们称它为"场景驱动创新"。这种创新方式就像是在一个大拼图游戏中找到最合适的一块，把现有的技术和未来的可能性完美结合在一起。

假如，你有一个很棒的想法：设计一款能帮助人们更好地学习的应用程序。这个想法就是你的"场景"，也就是你要解决的具体问题或者实现的目标。接下来，你开始思考如何利用现有的技术（比如人工智能、大数据等）来把这个想法变为现实。这就是场景驱动创新的第一步：把现有的

---

① KENNY D, MARSHALL J F. Contextual marketing: The real business of the internet[J]. Harvard Business Review, 2000, 78(6): 119-125.

技术应用到一个具体的场景中,创造出更大的价值。

但场景驱动创新不止于此。它还鼓励我们去想象未来的世界会是什么样子,并且根据这些设想来开发新技术、新产品,甚至是全新的商业模式。比如说,你预测到未来大家都需要更高效的学习工具,那你可能会开发出一种全新的教育平台,它不仅能提供在线课程,还能根据每个人的学习习惯定制个性化的内容,甚至使用虚拟现实技术让学习变得更加有趣。

对于国家来说,这种创新模式非常重要,因为它可以帮助培养新的生产力。通过不断地技术创新,可以推动整个产业的进步和发展,让经济更加现代化。而场景驱动创新就像是一座桥梁,帮助科学家们的发明和研究成果更快地转化为市场上有用的产品和服务。

场景驱动创新成为数字经济时代兴起的创新模式,它以场景为载体,以使命或战略为引领,驱动技术、市场等创新要素有机协同整合与多元化应用。其既是将现有技术应用于某个特定场景,进而创造更大价值的过程,也是基于未来趋势与需求愿景,驱动战略、技术、组织、市场需求等创新要素与情境要素整合共融,突破现有技术瓶颈,创造新技术、新产品、新渠道、新商业模式,乃至开辟新市场、新领域的过程。而新质生产力的培养,主要依赖于科技创新,通过科技创新来推动产业创新和现代化,场景驱动也成为提升科技成果转化效果的关键。

4.2 场景驱动:让新质生产力开花结果

结合国家战略和场景需求,促进科技创新与成果转化

为了实现我们国家的发展目标,比如建设制造强国、质量强国、网络强国、数字中国和农业强国,需要把科技创新和产业发展紧密结合起来。这就像是给一个超级英雄团队分配任务,每个英雄都有自己的超能力,但他们需要一起合作才能完成这项重要任务!

不同行业和领域有着不同的需求。例如,在农业领域,可能需要更高

效的灌溉系统或智能农业机器人;而在工业领域,则可能需要自动化生产线或智能制造系统。理解这些具体需求是将科技成果转化为实际生产力的前提。

要把科技成果的转化与应用和国家发展战略、具体场景需求紧密结合起来,确保创新资源得到合理配置和有效利用。通过科学规划,可以更好地引导科技成果转化为实际生产力,为新质生产力的培养提供有力支持。

强化企业创新主体,提升场景创新能力

在我国的广阔天地里,市场如同浩瀚的海洋,深邃而包容,应用场景则如同点点繁星,璀璨而多样。我们正站在这样一个时代的潮头,要让企业,尤其是那些科技领域的佼佼者,成为科技创新的先锋队。想象一下,那些科技领域的领头羊和产业链上的核心企业,它们如同勇士一般,被赋予了参与与国家发展战略和安全相关的重大任务的使命,参与到如同巨龙般蜿蜒的国家基础设施建设中。

利用我们国家市场规模巨大、应用场景多样的优势,我们要让企业成为科技创新的主要力量,特别是那些科技领先企业和产业链上的核心企业,要让它们参与到与国家发展战略和安全相关的重大任务和基础设施建设中。同时,鼓励大企业把它们的场景资源分享给产业链上的其他企业,尤其是中小企业,一起合作研发,帮助中小企业提升技术和制造能力。大企业也应该率先尝试和使用中小企业的创新产品,这样大中小企业就能一起创新、共同发展。

增加场景供给,加大场景示范推广力度

我们要建立一个政企合作的场景动态发布机制,定期发布应用场景能力(供给)清单和需求清单。就像是在打造一个超级酷炫的"科技商城",里面有一个政企合作的"动态货架",定期更新最潮的"商品"——应用场景能力(供给)清单和需求清单。好似参加校园的"科技节"一样,我们举办"场景大赛"活动,让那些手里有"独门秘技"的场景供给方和技术

"大牛",通过"技术交易市场"来交换点子,一起联手打造新产品,就像组队完成一个超酷的科技项目!

通过举办"场景大赛"等活动,让场景供给方和技术持有方通过技术(产品)采购、联合开发新产品等多种方式进行合作。另外,我们要从众多的创新应用中挑选出最成熟、最值得推广的新技术、新产品、新模式和新解决方案,推荐给政府部门、国有企业等,让它们先用起来,给大家做个好榜样。同时,我们还要给这些创新应用提供更多的支持,比如资金、人才、科研帮助。我们要建设一些"场景应用示范区"。在这些示范区里,新技术和新产品可以得到更多的机会去应用和推广。我们还要利用一些重要的活动、工程和会议,打造特别的展示平台。在这里,大家可以展示创新成果,寻找合作机会。

打造场景供需联合体,夯实场景创新基础

打造场景供需联合体,就是搭建一个创新的大舞台,让各方力量汇聚一堂,共同夯实场景创新的基础。这就像是在建设一个强大的"创新生态系统",每个成员都是这个系统中不可或缺的一部分,共同促进技术的发展和应用的繁荣。

这样做,就像是给场景创新打下了坚实的"地基"。在这个联合体中,供应方和需求方紧密合作,资源共享,信息互通,形成了一个高效运转的"创新链条"。场景供需联合体不仅仅是一个简单的对接平台,更是一个能够激发无限创意、催生无数可能性的"创意熔炉"。

通过这个联合体,可以加强产学研的深度融合,让理论知识转化为实际应用,让科研成果更快地转化为市场产品。激发企业、高校和科研机构的创新活力,形成多方共赢的局面。培养和吸引更多优秀的创新人才,为场景创新提供源源不断的智力支持。推动产业链的优化升级,提升经济的整体创新能力和竞争力。打造场景供需联合体,就是为场景创新搭建"梦想舞台",在这里,每个人都可以是创新的"主角",每个想法都有可能成为改变世界的"剧本"。

4.3　行动指南：如何参与场景驱动？

在当今快速发展的时代，场景驱动创新已成为推动社会进步和经济发展的重要力量。对于中学生而言，了解和参与到这一创新过程中，不仅有助于拓宽视野、增强实践能力，还能为未来成为具有创新精神和社会责任感的人才打下坚实的基础。

探索国家蓝图与未来场景

为了更好地跟上时代的步伐，中学生应当深入了解国家的发展战略，比如新型工业化、制造强国、质量强国、网络强国、数字中国和农业强国等，以及这些战略背后的场景需求。了解这些内容就像解锁了通往未来的大门，让你能够看到国家发展的蓝图。

通过了解国家的战略目标，可以知道国家正在努力实现的目标，比如让制造业更加先进、让互联网更加发达、让农业更加高效。这些目标背后隐藏着大量的场景需求，比如需要更智能的工厂来提高生产效率，需要更先进的农业技术来提高农作物产量，还需要更强大的网络安全系统来保护个人信息。

了解这些需求之后，你们就会明白科技创新和产业创新是如何与这些需求紧密结合的。比如，科学家们正在研发能够自主工作的机器人，让工厂的生产线变得更加高效；工程师们正在设计更加智能的农业机器人，帮助农民更好地管理农田；技术人员正在开发更加安全的网络技术，保护网络环境。

你们需要认识到，科技创新和产业创新是如何与这些具体的场景需求紧密结合的，以及科技成果是如何转化为实际生产力，为新质生产力的培养提供有力支持的。通过这样的了解，你们才可以更好地把握时代脉搏，明确自己在学习和成长过程中的方向与目标。

增强企业创新主体的认知

中学生应当认识到企业在科技创新中的主体地位，特别是那些科技领先企业和产业链上的核心企业。这些企业在与国家发展战略和安全相关的重大任务和基础设施建设中发挥着举足轻重的作用。同时,中学生也应该了解大企业如何与产业链上的其他企业,尤其是中小企业分享场景资源,进行合作研发,以及大企业如何率先尝试和使用中小企业的创新产品,从而实现大中小企业的协同创新、共同发展。这样的认知将有助于中学生更好地理解市场经济的运作规律和企业创新的重要性。

关注前沿科技动态

中学生应当关注前沿科技的最新动态,通过阅读科技新闻、科普期刊等方式,了解最新的科技动态和前沿技术,这有助于拓宽视野,激发对科技创新的兴趣和热情。同时,可以积极参加一些科技论坛和研讨会,与来自不同领域的专家学者交流思想、探讨问题。这样不仅可以接触到更多的科技创新案例,还能有效提升自身的学术素养和思维能力。

增加实践探索和团队活动

中学生可以积极参加学校组织的科技节、创新大赛等活动,亲身体验科技创新的全过程,从需求分析、方案设计到实施和优化,增强对场景创新的感知和理解。同时,利用课余时间尝试设计并制作科技作品,如小型机器人,进行科学实验等,以深化理论知识,培养创新思维和动手能力。另外,加入科技社团或兴趣小组,与同学共同探讨科技创新问题,开展创新项目,培养团队协作精神和创新思维。

4.4 案例故事:智控管线——守护城市命脉的隐形卫士

在繁华都市的深处,有一支看不见的守护力量,默默地维系着城市的正常运转,它就是城市管线智能管控平台。下面这个故事发生在某个普通的工作日,却因为智能科技的介入,变得非同寻常。

故事的起点,是某工地的一次意外——一名工人在作业时不慎触碰到了地下煤气管道,瞬间,一股刺鼻的气味开始弥漫,煤气管道破裂,危机四伏。然而,这一次,不同于往常的恐慌与混乱,智能管控平台迅速捕捉到了异常信号,如同城市的神经中枢,它立即启动了应急响应程序。

警笛声划破了寂静的空气,警车、消防车与救护车迅速集结,而在这支队伍中,还有一名特殊的成员——背负着危险区域监测机器人的救援专家。在专家的操控下,小巧的机器人如同勇敢的侦察兵,穿越至事故核心地带,将第一手的数据实时回传至控制中心。管道破损的具体位置、泄漏的气量、周围环境的风力风向,一切信息在大屏幕前清晰呈现。基于这些数据,控制中心迅速计算出受影响的区域、疏散路线、救援路径以及必要的安全警戒线。在精准判断下,救援人员通过手机遥控关闭了煤气阀门,避免了一场可怕的灾难。随后,待气体浓度降至安全水平,抢修队伍迅速入场,修复工作紧张有序地展开。

然而,故事并未结束。在城市的另一端,一场更为棘手的危机悄然而至。某化工厂的苯罐区发生泄漏,纯苯的泄漏引发了闪爆起火,有毒气体弥漫,消防废水的排放威胁到了长江的水质安全。面对这一紧急情况,化工厂迅速启动了应急预案,市政府随即响应,启动了突发公共事件的应急机制。在指挥中心,卫星应急指挥车上的GPS与实时监控系统紧密联动,将现场的图像与数据源源不断传回。基于这些信息,指挥人员迅速制定了应急处理方案,调动了公安、交管、供电、卫生、气象、环保、海事等部门,形成了一支高效的救援队伍。在各部门的紧密配合下,火势被迅速控制,废水得到了有效封堵与回收,一场潜在的环境灾难得以化解。

这两起事件的背后,是城市管线智能管控平台的默默守护。据统计,自从有了智能管控平台的加持,全国管线事故的发生率显著下降。在煤气管道中,每隔100至200米便设有传感器,即便是微小的裂缝,也能被及时捕捉,防止事故发生。不仅如此,平台还能对煤气、化工甚至是核辐射气体等的管道进行全面监控,提前预测可能的风险,制定应对预案,确保城市的安全与清洁。

城市管线智能管控平台,不仅是技术的集成,更是一座连接政府、企业和居民的桥梁。它与社区服务中心、超市、百货商店的显示屏相连,居民只需轻轻一点,即可查询所在区域的管线信息、施工管理状态、管线危险源评估和监管情况,它甚至可以模拟事故应急响应流程。从施工单位或企业、居民申报地下开挖项目、购买管线图纸到监管部门审批的全过程,均可在线完成,大大提高了效率,降低了因施工不当引发的事故风险。

  在这个故事中,城市管线智能管控平台如同一位无形的守护者,用科技的力量,编织了一张安全网,护佑着城市的安宁。它不仅保障了居民的生命安全,也维护了城市的生态环境,展现了智能科技在守护城市安全方面的重要作用。

第二部分

实践篇

第五章　智能奇境
——揭秘人工智能的神奇之旅

要加强人工智能同保障和改善民生的结合,从保障和改善民生、为人民创造美好生活的需要出发,推动人工智能在人们日常工作、学习、生活中的深度运用,创造更加智能的工作方式和生活方式。

——习近平

加快发展人工智能是满足人民美好生活需要的重要举措。当前,人工智能在医疗、教育、交通、助残养老、家政服务等领域的快速发展,能满足人民群众日益增长的美好生活需要,大幅提升生活便利度和幸福感,有效增强公共服务和城市管理能力[1]。

5.1 弱人工智能:身边的智能小助手

美国哲学家约翰·塞尔(John Searle)在1980年发表的《心、脑与程序》一文中区分出"强人工智能(Strong AI)"与"弱人工智能(Weak AI)",前者追求使人工智能真正拥有人类意识,而后者仅仅把

---

[1] 段雨晨. 以人工智能赋能高质量发展[EB/OL]. (2024-04-13)[2024-07-08]. http://www.qstheory.cn/dukan/hqwg/2024-04/13/c_1130108914.htm.

人工智能看作工具[①]。二者本质区别就在于有没有意识,如果有意识、自我、创新思维等,即为强人工智能。从本质上讲,当前人工智能的发展还处于弱人工智能阶段。[②]

当你早晨醒来,智能闹钟温柔地唤醒你,智能家居系统自动调节室内温度,智能音箱播放你最爱的音乐……这些日常生活中不起眼的小帮手,就是弱人工智能的体现。它们专注于特定任务,如语音识别、图像处理或简单的决策制定,让人们的生活变得更加轻松惬意。弱人工智能通过学习用户习惯,不断优化服务,成了我们身边不可或缺的智能小助手。它们就像隐身的精灵,默默无闻却又无所不在,让我们的生活更加便捷与有趣。

什么是弱人工智能?

弱人工智能,也被称为"窄 AI"、限制领域人工智能(Narrow AI)或应用型人工智能(Applied AI),指的是专注于特定领域且只能解决特定领域问题的人工智能。它们专注于执行特定任务,如识别图像、语音、文字等。与科幻电影中的全能型机器人不同,弱人工智能不具备人类般的意识、情感,但它们在特定领域却能展现出惊人的智能,成为我们的生活助手和工作伙伴。Siri、自动驾驶汽车、谷歌搜索、聊天机器人、电子邮件垃圾过滤器等都属于弱人工智能的范畴。

智能助手的日常应用

在实际应用中,弱人工智能是最常见的应用形式。我们日常生活中使用的许多智能助手、语音识别软件和推荐系统等都是基于弱人工智能

[①] 段似膺.海德格尔式人工智能及其对"意识"问题的反思[EB/OL].(2019-03-13)[2024-07-08].https://www.thepaper.cn/newsDetail_forward_3110925.

[②] 舒跃育,汪李玲.舒跃育 汪李玲:人工智能发展处于弱人工智能阶段[EB/OL].(2017-04-25)[2024-07-08].http://www.cass.cn/zhuanti/2021gjwlaqxcz/xljd/202110/t20211009_5365694.shtml.

技术实现的。与生活场景相结合的智能助手是最普遍、最通识的应用。以下是智能助手常见的应用场景：

1. 智能手机中的智能语音助手：智能手机中的智能语音助手，如苹果的 Siri、小米的小爱同学等，能够根据你的语音指令，进行信息查询、设置提醒、发送消息等操作，让沟通和操作更加便捷。

2. 智能家居：当你踏入家门，灯光自动亮起，窗帘缓缓拉开，空调调节到最舒适的温度，这一切的背后，是智能家居系统通过传感器和预设指令，为你营造出的温馨的居家环境。

3. 智能客服：当前，当你在购物网站浏览商品或遇到问题时，弹出的在线客服往往不再是真人，而是基于人工智能的客服机器人，它们能够快速理解你的需求，提供解答或推荐商品。

4. 智能推荐系统：在视频网站上，为何你总能发现感兴趣的内容？这得益于智能推荐系统，它根据你的观看历史、搜索行为，甚至是你停留时间的长短，智能分析你的偏好，为你推送个性化内容。

弱人工智能的工作原理

弱人工智能的核心在于算法、大数据与云计算的结合。算法是智能助手的"大脑"，决定着它如何处理数据、做出判断。大数据为算法提供了丰富的"食粮"，使得机器通过学习海量数据，不断提升其识别和判断能力。而云计算则像一个强大的"心脏"，提供必要的计算资源，确保这些智能系统能够实时响应用户需求。

算法与学习：比如，"阿尔法狗"（AlphaGo）通过深度学习算法，学会了下围棋，甚至击败了世界冠军，展示了机器学习的强大潜力。

大数据的魔力：大数据的特征是海量、多样、实时，它能够让我们从看似杂乱的信息中发现规律，优化决策。例如，电商平台会根据你的浏览记录，智能推荐商品，提升购物体验。

云计算的力量：云计算让计算力不再受限于本地设备，使复杂的计算任务能够在云端完成，让普通手机也能具备强大的处理能力，支持各种智能应用流畅运行。

弱人工智能带来的变革

弱人工智能不仅让我们的生活更加便利,还在教育、医疗、交通等多个领域引发了深刻的变革。

在教育领域,AI 技术使得个性化学习成为可能,通过分析学习数据,为每位学生提供量身定制的学习计划,实现"因材施教"。

在医疗健康领域,智能诊断系统能辅助医生分析病例,提高诊断的准确性,同时,智能穿戴设备可监测穿戴者的健康状况,预防疾病。

在交通运输领域,无人驾驶技术的出现,预示着未来的出行将更加安全、高效,智能交通系统将大大缓解城市拥堵情况。

弱人工智能的展望与挑战

尽管弱人工智能带来了种种便利,但它的发展也伴随着挑战。比如,隐私保护、数据安全、人工智能伦理等问题日益凸显。我们需要在享受智能服务的同时,建立相应的法规与伦理框架,确保技术的健康发展。

总之,弱人工智能正以一种润物细无声的方式,渗透到我们生活的方方面面,它如同一个贴心的伙伴,让我们的生活变得更加智能和高效。然而,这一场智能奇境的旅行才刚刚开始,未来,随着技术的不断进步,我们期待更多不可思议的智能应用,为人类社会带来更多福祉。

5.2　生成式 AI:创意无限的新伙伴

生成式人工智能技术(AIGC),是指具有文本、图片、音频、视频等内容生成能力的模型及相关技术。2022 年末,美国 OpenAI 公司推出的 ChatGPT 标志着这一技术在文本生成领域取得了显著进展。

算力、算法、数据是生成式人工智能技术发展的三大核心要素。[①]

当电脑不仅能理解你的话语,还能按照你的意愿创作出全新的艺术作品、音乐曲目,甚至编写剧本,那该有多酷！而这就是生成式 AI 的魅力所在。如果说传统的人工智能像是遵循规则的助手,那么生成式 AI 就像是拥有了魔法棒的创意伙伴,它能够根据你的想法和指令,创造出前所未有的内容,从文字、音乐、艺术作品到复杂的程序代码,甚至是未来的工业设计,生成式 AI 正以其无限的创意潜能,成为我们探索未知世界的得力助手。

初识生成式 AI

生成式 AI 的核心在于"生成"二字,它能够基于已有的数据和模式,通过深度学习和算法模型,创造出新的数据内容。比如,你可能听说过那个在 2022 年底轰动全球的 ChatGPT,它就是生成式 AI 的一个杰出代表。ChatGPT 能够根据用户的提示,自动生成对话、故事、诗歌甚至代码。这背后的秘密在于它经过了大规模的训练,吸收了互联网上广泛的数据,从而能够模仿人类语言的逻辑和风格,进行创造性的表达。

图 5-1　以 ChatGPT 为代表的生成式人工智能

[①] 北京日报.生成式人工智能,我国遥遥领先了吗？[EB/OL].(2024-07-07)[2024-07-08]. https://new.qq.com/rain/a/20240707A0299Z00.

生成式 AI 的创意魔法

生成式 AI 的魔法来自于三个关键技术：深度学习、自然语言处理和强化学习。拿深度学习来说，就像一个不断学习和模仿的学徒，通过层层神经网络的训练，它学会了如何将输入的信息转化为输出的信息。而自然语言处理技术则让它能够理解人类语言的细微差别，强化学习则让 AI 在不断尝试和反馈中优化其创作，使其作品更贴近人类的审美和需求。比如，利用这些技术，AI 可以学习数百万首诗，然后根据用户的要求，创作出一首与现有诗歌风格相似，但又独一无二的新诗。

生成式 AI 的舞台：从艺术到工业

在艺术领域，生成式 AI 已经展现出了惊人的创造力。例如，巴黎的一场展览上，一幅名为"埃德蒙·贝拉米画像"的画作震惊了艺术界，而这幅画正是由 AI 创作的。AI 不仅能画出逼真的肖像，还能创作抽象艺术，为艺术家们提供灵感。在音乐界，AI 作曲软件如 Amper Music，能够让普通人轻松创作属于自己的个性化音乐。

工业设计中，生成式 AI 也正发挥着重要作用。比如，在汽车设计中，工程师们利用 AI 模型生成无数种设计方案，通过算法筛选出最优选项，极大地提高了设计效率和创新性。此外，像服装设计、建筑设计等行业，生成式 AI 也在帮助设计师进行快速迭代设计，探索更多的可能性。

与人类共创的未来：挑战与机遇并存

生成式 AI 的出现，无疑为人类的创意工作带来了前所未有的机遇。它不仅可以辅助创作者打破思维定式，激发新灵感，还能在大规模定制、个性化服务等领域发挥巨大潜力。然而，这也伴随着挑战。一方面，AI 的广泛应用可能会改变某些行业的就业结构，比如，基础的文案撰写、图形设计等职位可能会被 AI 替代。另一方面，如何确保 AI 生成内容的原创性和确定版权归属，避免内容的雷同与抄袭，也是亟待解决的问题。

人工智能将重新定义管理,也将重新定义我们对创意的理解[①]。在这个过程中,如何平衡技术进步与人文关怀,如何在享受 AI 带来的便捷的同时,保护和激发人类的创造力,是我们每个人都应该思考的问题。

综上所述,生成式 AI 这位创意无限的新伙伴,正以其独特的魅力,逐步渗透到生活的方方面面,为我们打开了一扇通往未知创意世界的大门。未来,让我们携手这位新伙伴,共同探索更多未知的可能,创造一个更加多彩和智慧的未来。

5.3　通用 AI:超级大脑的未来梦想

如果你的身边有一位朋友,他不仅精通数学、文学,还能随时解答你对遥远星系的疑惑,更能与你探讨深邃的哲学,那将是多么美妙的事。而通用 AI(Artificial General Intelligence)就可能成为这样的朋友。与那些专注于单一领域的"弱人工智能"不同,通用 AI 如同一个知识渊博的超级大脑,它不仅能够完成特定任务,更能像人类一样理解复杂情境,学习新技能,甚至独立思考并做出决策。就像《星际迷航》中的"数据"那样,通用 AI 不仅仅是一个机器,它渴望成为我们探索未知、解决世界难题的忠实伙伴。

什么是通用 AI?

通用 AI,顾名思义,是一种能够执行任何智能任务的 AI 系统。它不仅限于特定的应用,如图像识别、语音助手或者棋类游戏,而是能够跨领域地应用其智能,解决从未遇到过的问题。这意味着通用 AI 需要具备几个关键特质:灵活性、自适应性、学习能力和理解复杂情境的能力。通用 AI 的发展旨在模仿人类智慧,从简单的数据处理跨越到复杂的逻辑推理和情感理解。

[①] 中央网络安全和信息化委员会办公室.互联网+:一种改变世界的力量[EB/OL].(2015-07-08)[2024-07-08].https://www.cac.gov.cn/2015-07/08/c_1115849484.htm.

通用 AI 的基石：深度学习与强化学习

通用 AI 的核心技术之一是深度学习，它模仿人类大脑的神经网络结构，通过多层神经网络对数据进行深层次的解析与学习。像 AlphaGo 击败世界围棋冠军，背后依靠的就是深度学习算法。而强化学习则是另一个重要支柱，它通过奖励和惩罚机制，使 AI 在尝试与错误中学习最优策略，就像孩子通过不断尝试学会骑自行车一样。这些技术的结合，为通用 AI 提供了强大的学习和适应能力。

尽管通用 AI 的概念激动人心，但将概念落地要面临重重挑战。通用 AI 需要解决的问题包括但不限于：如何让 AI 拥有抽象思维、理解常识、进行逻辑推理，以及具备情感理解与表达能力。此外，数据质量和算法创新也是关键，高质量的数据和原创算法是推动 AI 发展的基础。

通用 AI 的发展与突破

1. 类脑智能：向大自然取经

类脑智能（Brain-inspired Intelligence）就是模仿人脑的工作原理，试图构建出更加智能、高效、节能的机器。就像大脑中的神经元网络一样，类脑计算模型利用脉冲神经网络（Spiking Neural Network，SNN）模拟生物神经元的时空动力学，让机器也能像我们一样感知、思考和决策。这种技术不仅能实现高效的信息处理，还能做到节能，特别适合在移动设备中应用。

2. 大模型与具身智能：AI 的新飞跃

通用 AI 的另一个重要支柱是大语言模型（Large Language Models），比如引起轰动的 ChatGPT 背后的 GPT 模型。这些模型不仅参数规模庞大，而且通过不断学习互联网上的海量数据，能够理解和生成高质量的文本、图像、视频等内容。想象一下，如果这些大模型与具身智能（Embodied AI）结合，比如人形机器人，那它们将能够像人类一样感知环境、规划行动、解决问题，甚至与我们进行深层次的情感交流。这些不再是科幻电影的桥段，正在逐步变为现实的科技前沿。

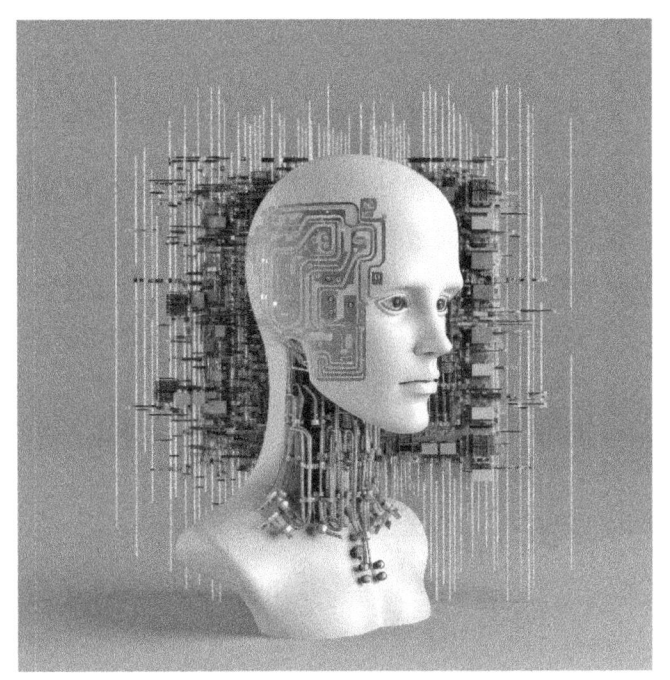

图 5-2　具身智能

通用 AI 的未来展望

未来,通用 AI 有望成为人类的超级助手,它不仅能够优化现有的生产流程,提高效率,还能在教育、医疗、环境保护等众多领域发挥重要作用。人工智能将深度融入各行各业,推动产业变革,创造新的经济增长点。

更重要的是,通用 AI 还将是人类探索未知的伙伴,它将帮助我们理解宇宙的奥秘,应对环境、能源等全球性挑战。正如科幻作品中的"数据",通用 AI 或许有一天能与我们并肩,共同书写人类文明的新篇章。

总结而言,通用人工智能是人类追求智慧极限的梦想,它不仅仅是技术上的飞跃,更会对人类社会结构、工作方式乃至道德伦理产生深刻影响。在这个充满无限可能的探索之旅中,我们既要保持对技术的热情与好奇,也要理性思考,确保科技发展惠及全人类,共同构建一个更加美好的未来。

5.4 未来探索：我们如何与智能科技共舞

在科技的魔法棒下，未来的世界如同一幅神秘而又充满魅力的画卷缓缓展开。智能科技的飞速进步，让人类与机器的界限日益模糊，我们正步入一个前所未有的时代——智能科技与人类生活深度融合的时代。在这一章，我们将共同探索在未来世界中，人与智能科技如何携手共舞，共创未来。

智慧校园：AI 老师的魔法教室

想象一下，走进一间充满科技感的教室，迎接你的是一个温柔而又博学的 AI 老师。它不仅能够根据每位学生的兴趣和学习进度，定制个性化的课程，还能通过面部表情识别技术，捕捉到你的疑惑，及时给予解答。AI、大数据和云计算为教育带来了全新的范式，智能教育平台能够精准分析学习数据，让学习变得更加高效、有趣。这意味着，未来的教育将更加注重培养学生的创新思维和解决问题的能力，而 AI 老师就是那个引领你探索未知世界的向导。

智能工厂：人机协作的梦幻剧场

在未来的工厂，机器人不再是冷冰冰的机械臂，而成为人类的得力助手。云制造、物联网等技术使得生产线变得更加智能和灵活。工人与机器人并肩作战，智能机器人不仅能够承担繁重的体力劳动，还能在精密制造中展现其高超技艺，而人类则更多地负责创意设计和策略规划。这种人机协作模式不仅极大地提升了生产效率，还降低了工作强度，让制造业焕发新生。在这样的工作环境下，工人不再是重复、单调劳动的执行者，而成为创新与技术革新的推动者。

图 5-3　智能工厂

道德伦理：智能时代的导航灯塔

智能科技的飞跃也带来了深刻的道德与伦理挑战。随着人工智能在决策中发挥的作用日益增强，如何确保算法的公正性、透明度，避免数据偏见，是亟待解决的问题。比如，智能机器人在医疗领域的应用，如果医疗系统的算法出现偏差，则可能会导致严重的后果。智能科技必须在确保数据安全的前提下发展，避免技术滥用对个人和社会造成伤害。

我们需要确保智能科技服务于人类的共同利益，而非成为由少数人操纵的工具。因此，建立一套完善的伦理准则，确保智能科技的发展不会损害人类的利益，至关重要。我们在享受智能科技带来的便利的同时，也要保持对技术的敬畏之心，学会负责任地使用它们，确保智能科技始终服务于人类的福祉。

安全与隐私：智能时代的防护网

智能科技的发展，如同一把双刃剑，在人们享受其带来的便利与效率的同时，数据安全、隐私保护成为不容忽视的议题。数据是新时代的宝藏，但如何保护这些数据不被滥用，是每个人都应关心的问题。大数据、云计算等技术虽然强大，但也需要我们构建起牢固的安全防线，确保个人隐私不被侵犯，数据不被非法利用。我们需要不断提升网络安全意识，学会在享受智能生活的同时，为自己织就一张安全的防护网。

共创人机和谐未来

未来，智能科技将更加紧密地融入我们的生活、学习和工作，它既是挑战，也是机遇。我们要做的，是学会与这些智能伙伴共舞，既要把握住技术进步的红利，推动社会进步，又要时刻警醒，确保技术发展不偏离服务于人类幸福的初衷。创新与探索应当有边界，而管理的智慧在于如何平衡科技发展与人类价值的关系。在这个智能科技如星辰大海般的未来探索旅程中，每个人都是探索者和创造者。让我们携手前行，智慧地引导科技的力量，为人类社会的可持续发展贡献力量。

第六章　万物互联
——探索网络化世界的无界连接

习近平总书记在中国科学院第十九次院士大会、中国工程院第十四次院士大会上提出："推进互联网、大数据、人工智能同实体经济深度融合,推动制造业产业模式和企业形态根本性转变,促进我国产业迈向全球价值链中高端。"[①]以互联网、大数据、人工智能等为代表的新一轮科技革命和产业变革正对全球经济社会产生全面而深刻的影响,对于我国培育新质生产力、加快建设现代化产业体系具有深远意义[②]。

6.1 云端漫步:云计算的神奇力量

云计算的神奇力量,不仅改变了我们的生活方式,也让企业更加灵活高效。它就像是魔法世界的一股清风,吹走了传统计算的烦琐和局限,带来了无限的可能性和创造力。让我们一起踏上云端漫步之旅,感受云计算带来的奇妙体验吧!

[①] 中共工业和信息化部党组.大力推动数字经济和实体经济深度融合[EB/OL].(2023-09-01)[2024-07-09]. http://www.qstheory.cn/dukan/qs/2023-09/01/c_1129834642.htm.

[②] 央广网.【每日一习话】推进互联网、大数据、人工智能同实体经济深度融合[EB/OL].(2024-04-20)[2024-07-09]. https://news.cnr.cn/dj/sz/20240420/t20240420_526673513.shtml.

什么是云计算？

当你正在玩一款大型在线游戏，突然间，你发现自己能够瞬间加载地图，流畅地与世界各地的玩家互动，而不需要担心自己的电脑配置是否足够强大……这背后，就是云计算在默默工作。云计算，就像是一个超级大的、看不见的图书馆，它分布在互联网上的各个角落，由无数台计算机组成，可以随时为你提供所需的计算资源、存储空间和软件服务。

图 6-1 云计算概念图

云计算的核心概念是将计算资源（如处理器、存储器、网络带宽等）通过互联网集中起来，形成一个巨大的"云"，然后根据用户的需求，将这些资源分配出去，提供高效、灵活、可扩展的服务。用户不需要拥有或维护昂贵的硬件设备，只需要通过互联网访问这些服务，就像打开水龙头就能用水一样简单方便。

"云计算"的三种服务类型

云计算服务通常被划分为三种主要类型，它们分别是：

1. 基础设施即服务（IaaS）：这是云计算的基础层级，提供基本的计算资源，如虚拟机、存储空间、网络和操作系统。用户可以在此基础上构建自己的应用程序和服务。例如，亚马逊的 AWS EC2 就是典型的 IaaS

服务,用户可以租用虚拟服务器来运行自己的应用。

2. 平台即服务(PaaS):在 IaaS 之上,PaaS 提供了一个完整的开发和运行环境,包括操作系统、开发工具、数据库和网络。开发者可以专注于编写和部署应用程序,而不必关心底层基础设施的细节。Google App Engine 就是一个 PaaS 的例子,它允许开发者使用多种编程语言来创建 Web 应用。

3. 软件即服务(SaaS):这是最高层级的云计算服务,直接向用户提供完全可用的软件应用,用户只需通过互联网访问即可使用,无需安装任何软件。常见的 SaaS 应用包括电子邮件服务、在线文档编辑和协作工具,如 Microsoft Office 365。

"云"的神奇力量:云计算的功能及作用

云计算的主要功能和作用可以概括为以下几点:

1. 弹性伸缩:根据用户需求自动调整资源分配,确保即使在高峰时段也能提供稳定的服务。

2. 资源共享:通过网络将计算资源池化,多个用户可以共享这些资源,提高了资源的利用率。

3. 成本节约:用户只需为实际使用的资源付费,避免了购买和维护昂贵硬件的成本。

4. 数据备份与恢复:提供自动备份和灾难恢复服务,确保数据安全。

5. 快速部署:用户可以迅速启动和配置新的服务,缩短了产品上市时间。

6. 全球可达性:无论用户身处何地,只要有网络连接,都可以访问云服务。

以"云"为翼:云计算的应用及案例

云计算的应用已经渗透到社会的各个领域,以下是"云计算"在数字生活实践中典型的应用案例:

1. 企业级应用:许多企业采用云计算来支持其日常运营,如财务、人力资源管理和供应链管理。例如,Salesforce 提供基于云的客户关系管理(CRM)服务,帮助企业更有效地管理客户信息和销售流程。

2. 教育行业:学校和教育机构利用云计算提供在线学习平台,学生可以远程访问课程材料和在线课堂。Google Classroom 就是一个例子,它允许教师和学生在线交流和提交作业。

3. 医疗健康:医疗机构使用云计算来存储和分析病患数据,提高诊断和治疗的准确性。例如,IBM 的 Watson Health 利用大数据和人工智能技术,为医生提供精准的医疗建议。

4. 娱乐行业:云游戏服务允许玩家在任何设备上畅玩游戏,无需下载或拥有高性能的游戏硬件。Google Stadia 和 NVIDIA GeForce NOW 就是这样的云游戏平台。

5. 科研与工程:科学家和工程师利用云计算进行大规模的数据分析和模拟实验,加速科研进程。例如,NASA 使用云计算处理天文数据,探索宇宙的奥秘。

云计算的出现,就像是给我们的数字生活插上了翅膀,让一切变得更加便捷、高效和安全。无论是个人用户,还是企业组织,都能从中受益匪浅。随着技术的不断进步,未来的云计算将更加智能化、个性化,为人类社会的发展注入源源不断的动力。

6.2 口袋里的世界:移动互联网的魔力

从曾经的 1.24 亿部到如今的 18 亿部智能手机,数字跳跃间,我们见证了一场史无前例的移动革命。每年 1100 亿次的应用程序下载,不仅仅是数字的累积,更是人类智慧与需求碰撞的火花。轻触设备的小小屏幕,移动互联网将带领人类触达更广阔的世界。

移动互联网的诞生与演变

移动互联网,就像一把无形的钥匙,打开了通向全球信息宝藏的大门。它的故事始于 1990 年代,当时,第一代移动通信技术(1G)仅限于语音通话。但随着技术的进步,2G、3G、4G 乃至今天的 5G 陆续登场,移动互联网如同一部科幻电影,逐渐成为现实。

1. 从 1G 到 5G:通信技术的飞跃

1G 只用于语音,2G 引入了短信和数据传输,3G 让我们享受到了多媒体服务和高速互联网,而 4G 则进一步提升了速度,使得高清视频和在线游戏成为可能。如今,5G 的到来,以超高速、低延迟、海量连接为特征,开启了物联网和虚拟现实的新纪元。

2. 智能手机的普及

随着移动互联网的兴起,智能手机成为我们日常生活不可或缺的一部分。2007 年,苹果公司推出了第一款 Iphone,标志着智能手机时代的正式开启。它将电话、相机、音乐播放器、网络浏览器等多功能集于一体,彻底改变了人们的通信和生活方式。

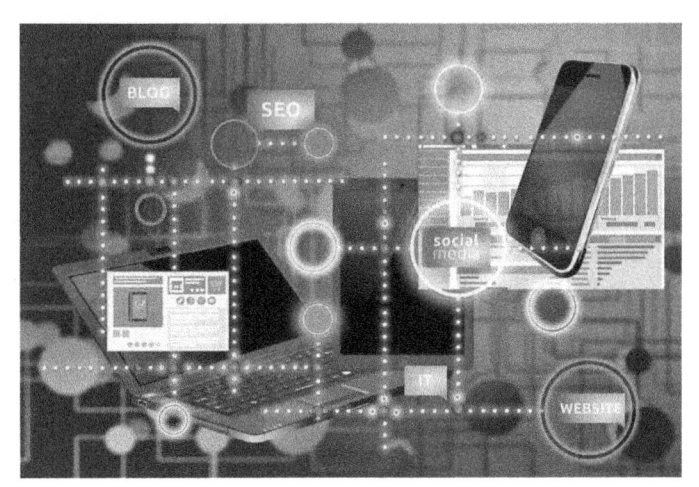

图 6-2 移动互联网、智能手机及应用生态

3. 应用生态的繁荣

移动互联网催生了一个庞大的应用生态系统。据国际数据公司(IDC)发布的《全球手机季度跟踪报告》的统计数据,全球智能手机出货量从 2007 年的 1.25 亿部跃升至 2023 年的 11.7 亿部以上,增长幅度超过 9 倍。高达 95% 的企业在移动设备和应用开发上有所投入,表明移动互联网已经成为企业战略中的关键一环。移动应用下载量在 2023 年攀

升至 1100 亿次，移动应用市场的需求持续旺盛，各类应用程序已成为人们日常生活中不可或缺的部分。移动应用不仅局限于游戏和娱乐，更深入教育、健康、金融等多个领域，极大地丰富了应用生态的内容和多样性。

移动互联网的魔法：随时随地连接世界

1. 实时通信：即时消息与社交媒体

移动互联网让我们能够随时随地与朋友和家人保持联系。无论是发送一条简单的短信，还是通过 WhatsApp、微信进行语音或视频通话，距离不再是障碍。社交媒体平台如 Facebook、Instagram 和微博，让我们可以分享生活点滴，了解世界动态，构建虚拟社群，连接全球的亲朋好友。

2. 移动支付：指尖上的交易

移动支付技术彻底改变了我们的购物和支付方式。通过支付宝、微信支付等应用程序，我们可以在几秒钟内完成支付，无需携带现金或信用卡。无论是网购、线下消费还是向朋友转账，移动支付都让交易变得轻松便捷，提高了效率，减少了等待时间。

3. 位置服务：导航与定位技术

定位服务让我们在陌生的城市也能轻松找到目的地。GPS 和北斗导航系统，加上 Google Maps、百度地图等应用，提供了精准的路线规划和实时路况信息。无论是驾车、步行还是骑车，用户都能找到最佳路线，避免迷路的困扰。

移动互联网的未来

1. 6G 网络：更高速、更低延迟

6G 网络将是移动互联网的下一个里程碑。它将提供比 5G 更快的速度和更低的延迟，实现真正的实时通信。这将极大地推动虚拟现实、增强现实和远程操作等领域的发展，让远程手术、全息会议等成为现实。

2. 物联网：万物互联的时代

物联网是将日常生活中的物品与互联网连接起来，让它们能够互相通信和交换数据。智能家电、智能穿戴设备、智能城市设施等都将通过物联网技术实现智能化,让我们的生活更加便利和高效。

3. 虚拟现实与增强现实:沉浸式体验

虚拟现实(VR)和增强现实(AR)技术将改变我们与数字世界的互动方式。戴上 VR 头盔,我们可以沉浸在游戏、电影或虚拟旅游中;使用 AR 眼镜,我们可以看到叠加在现实世界上的信息,无论是教育、娱乐还是工作,都将迎来全新的体验。

图 6-3　VR 眼镜

移动互联网的魔力在于它将整个世界装进了我们的口袋,让信息传递、交流和交易变得前所未有的便捷。未来,随着技术的不断进步,移动互联网将继续为我们打开无限可能的大门。

6.3　星际穿越:太空互联网的梦想

不同于传统地面网络的局限,太空互联网通过在低地球轨道部署庞大的卫星群,将网络信号从天空洒向每一个角落,即便是遥远的孤岛或广阔的沙漠,也能瞬间连入信息的海洋。这一壮丽构想不仅解决了偏远地区的网络接入难题,更为灾难救援、科研探险、教育普及和经济全球化插上了翅膀。

太空互联网的概念与意义

太空互联网通过卫星群构建全球覆盖的互联网连接,是现代通信技术的一次飞跃。不同于传统的地面网络,太空互联网利用环绕地球运行的卫星,为偏远地区、海上航行、空中飞行乃至外太空探索提供稳定高速的网络服务。这一概念的提出,旨在解决地面互联网覆盖不足的问题,确保信息自由流通,推动全球信息化进程。

图6-4 太空互联网

太空互联网的意义重大。它不仅能够弥补地面网络的空白,实现全球无缝连接,还能够在灾难发生时迅速恢复通信,保障紧急救援和信息传递。此外,太空互联网对于推动科研发展、支持远程教育、促进经济全球化等方面同样发挥着不可替代的作用。

太空互联网的原理及应用

1. 太空互联网的核心技术

太空互联网的核心技术依赖于低地球轨道(LEO)卫星群。这些卫星在距离地球表面约500至2000公里的轨道上运行,相较于传统静止轨道卫星,它们的传输延迟更低,能提供更快的互联网服务。通过建立由数百甚至数千颗卫星组成的星座,太空互联网能够实现对地球表面近乎完全的覆盖。

2. 太空互联网的工作原理

太空互联网的工作原理是通过地面站将信号发送给卫星,卫星接收到信号后,通过星间链路传给其他卫星,最终将信号转发到目的地的地面接收站。这样,即使在偏远地区,只要有太空互联网的覆盖,使用者就能享受到与城市相同的网络体验。

3. 太空互联网的应用领域

太空互联网的应用广泛,除了满足用户的日常上网需求,还特别适合用于军事通信、灾害监测、远洋导航、科学研究等领域。例如,太空互联网可以为南极科考站提供实时通信,为飞机和船舶在高空和公海提供不间断的网络连接,甚至为未来的火星任务提供地球与火星之间的通信桥梁。

太空互联网的影响与作用

太空互联网的建设对社会有着深远的影响。首先,它极大地提高了全球互联网的可达性,缩小了数字鸿沟,使得互联网服务能够惠及全球各地的人们,包括那些位于偏远地区和欠发达地区的居民。其次,太空互联网促进了全球信息的自由流通,加强了不同国家和地区之间的交流与合作,有助于构建更加紧密的全球经济体系。

太空互联网的发展也带来了新的挑战,如空间碎片管理和频谱资源分配等问题。同时,高昂的建设和运营成本、技术复杂性以及国际法规的制定等,都是太空互联网持续发展的关键考量因素。

作为信息时代的重要里程碑,太空互联网不仅实现了互联网的全球覆盖,还为人类的科技发展和社会进步提供了强大的支撑。随着技术的不断进步,太空互联网将逐步完善,为全人类带来更加便捷、高效和安全的网络环境。

6.4 智慧城市:打造超级政务机器人

在你居住的城市,清晨醒来,手机 APP 自动推送今日空气质量报告;上班途中,智慧交通系统实时调整红绿灯时长,确保道路畅通无阻;下班回家,智能电表自动调节家中能源使用,节省费用……这些不是科幻电影里的场景,而是智慧城市即将带给我们的生活现实。在这样的城市里,超级政务机器人就像一位隐形的公务员,默默地在背后支撑着城市的高效运转,让市民享受到更加便捷、舒适的生活。那么,什么是智慧城市呢?超级政务机器人又扮演着怎样的角色呢?

智慧城市的概念、构成与目标

智慧城市是利用现代信息与通信技术(ICT),整合城市运行的关键信息,对包括民生、环保、公共安全、城市服务、工商业活动在内的各种需求做出智能响应,从而为城市生活创造更美好的环境。智慧城市的核心构成包括智能建筑、智能电网、智能交通、智能环境监测和智能公共服务等。智慧城市的目标在于优化城市管理和服务,提升居民生活质量,实现可持续发展。

超级政务机器人的角色与功能

超级政务机器人是智慧城市中的重要组成部分,它利用大数据、云计算、人工智能等先进技术,承担着多种角色。

图 6-5 政务机器人

1. 自动化公共服务

超级政务机器人能够提供智能交通系统,通过实时数据分析,预测和缓解交通拥堵,提高道路通行效率。同时,它还能进行环境监测,及时发布空气质量和水质报告,帮助居民了解周边环境状况。

2. 电子政务

电子政务的应用让居民在线办理政府事务变得轻松快捷,从申请护照到缴纳罚款,只需轻轻一点,即可完成。超级政务机器人不仅简化了流程,还提高了政府服务的透明度和效率。

3. 数据驱动的决策支持系统

基于大数据分析,超级政务机器人能够为城市规划、应急管理和资源分配等决策提供有力支持,使决策更加科学、精准。

智慧城市的发展挑战与未来趋势

1. 隐私保护与数据安全

随着海量数据的收集和分析,个人隐私保护和数据安全成为亟待解决的问题。智慧城市必须建立健全的数据保护机制,确保公民信息安全。

2. 技术普及与数字鸿沟

城乡、不同社会群体之间的数字鸿沟问题不容忽视。如何保证技术的普及,让所有市民都能平等享受智慧城市带来的便利,是未来发展的重要议题。

3. 智慧城市生态系统的发展方向

未来的智慧城市将更加注重生态系统的构建,包括绿色建筑、可再生能源、智能垃圾回收等,致力于打造低碳、环保、宜居的城市环境。

通过超级政务机器人的助力,智慧城市正在逐步实现城市管理的智能化、精细化,为市民提供更高质量的生活。智慧城市在发展的同时,也需要面对隐私保护、技术普及等挑战,只有克服这些难题,智慧城市才能真正惠及每一个人,引领我们走向更加美好的未来。

第七章 数绘世界
——数字化多维渲染的绚丽画卷

2020年4月,习近平总书记在浙江考察时指出,"要抓住产业数字化、数字产业化赋予的机遇""大力推进科技创新,着力壮大新增长点、形成发展新动能"[①]。在我国经济由高速增长阶段转向高质量发展阶段的历史进程中,数字化带来的强劲动能成为推动中国经济高质量发展的重要引擎。

7.1 数字化科技:前沿数字新星闪亮登场

在数字化科技的广阔舞台上,云计算、大数据、物联网和人工智能如同璀璨的新星,引领着科技革命的浪潮。云计算让数据处理如同使用水电一样便捷,大数据则挖掘出数据背后隐藏的宝藏,物联网将万物相连,人工智能则赋予机器以智能,让它们能够学习和决策。这些前沿科技不仅改变了我们的生活方式,还推动了社会的进步和创新。

云计算:天空中的数据城堡

云计算,就像是在天空中建造的一座城堡,只不过这座城堡存储的是

---

① 中国网信杂志微信公众号.《中国网信》杂志发表《习近平总书记指引数字化推动高质量发展述评》[EB/OL].(2023-03-19)[2024-07-09].https://news.cnr.cn/native/gd/sz/20230319/t20230319_526187364.shtml.

数据和应用程序。它始于2006年,当时亚马逊推出了EC2服务,标志着云计算从概念走向了商业化。随后,谷歌、IBM等巨头相继跟进,推动了云计算的快速发展。云计算通过互联网将数据存储和计算能力提供给用户,就像我们使用水电一样便捷。这种模式彻底改变了数据存储和计算的格局,企业无需投入高昂的硬件成本,个人也能享受到强大的计算资源。对于企业运营而言,云计算提供了弹性扩展的资源,降低了成本,提高了效率;而对于个人生活,我们可以通过云存储随时随地访问文件,享受流畅的在线娱乐体验。

大数据:数字海洋的宝藏

大数据,是指那些海量、高速、多样化的信息集合。它的特点是"4V":Volume(体量大)、Velocity(速度快)、Variety(多样性)、Value(价值高)。在商业决策中,大数据帮助企业洞察市场趋势,优化产品和服务;在社会治理方面,它协助政府进行精准施策,提高公共服务效率;在医疗健康领域,大数据推动了个性化医疗的发展,提高了疾病预防和治疗的精准度。然而,大数据的收集和分析也带来了隐私泄露的风险,如何在享受大数据带来的便利的同时保护个人信息安全,成为亟待解决的伦理问题之一。

物联网:万物互联的时代

物联网,意味着"物物相连的互联网",它将传感器、设备和网络技术相结合,使得日常物品能够"说话"。在智慧城市中,物联网实现了交通流量的实时监控,减少了拥堵;在智能家居中,你可以通过手机远程控制家里的灯光、温度和安全系统;在智能物流中,货物的位置和状态可以被精确追踪,提高了供应链的透明度。物联网的普及改变了我们的生活方式,使生活更加智能化、高效化,同时也引发了关于数据安全和设备兼容性的讨论。

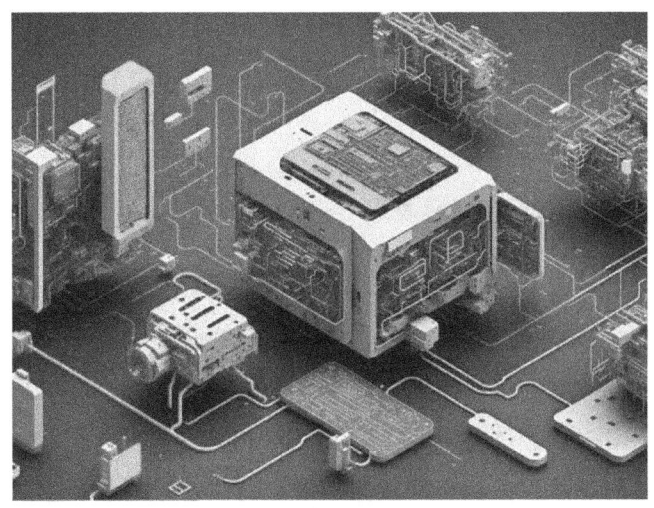

图 7-1　物联网

人工智能：智能机器人的觉醒

人工智能，简称 AI，是让机器具有类似人类的智能。从 1943 年神经网络概念的提出，到 2016 年 AlphaGo 与人类围棋高手的对决，AI 经历了从理论探索到应用爆发的过程。在自动驾驶领域，AI 让汽车能够自动识别路况，安全行驶；在语音识别中，AI 使智能助手能够理解人类语言，执行指令；在图像处理方面，AI 能够识别图像中的物体，甚至进行艺术创作。然而，AI 的发展也引发了关于机器取代人类工作的担忧，以及如何界定人工智能道德责任的讨论。面对这些挑战，我们需要制定相应的政策和规范，确保 AI 技术健康发展，造福人类。

数字化科技的星辰大海中，每一颗新星都闪耀着独特的光芒，它们共同编织着未来的蓝图。云计算、大数据、物联网、人工智能，这些前沿技术正以前所未有的速度改变着我们的世界，让生活变得更加智能、便捷和多彩。让我们携手前行，共同探索这个充满无限可能的数字化未来！

7.2　数字化产业：插上数字翅膀遨游天地

数字化科技不仅改变了科技领域，也渗透到了各行各业，为传统产业插上了数字化的翅膀。数字化产业的发展,既是一场技术的革命,也拉开了一场社会变革的序幕。让我们共同期待,未来数字化产业将如何继续书写人类社会的新篇章。

智慧制造:工业4.0的浪潮

工业4.0是工业革命的续集,标志着制造业的智能化和网络化。智慧制造,作为工业4.0的核心,通过物联网、大数据、人工智能等技术,实现了生产设备的智能互联和生产过程的智能化管理。在汽车行业,宝马和特斯拉利用智慧制造技术,实现了生产线的高度自动化和定制化生产,让每一辆车都可以根据客户的具体需求进行个性化配置。家电行业也不甘落后,海尔集团的"人单合一"模式,通过互联网将用户与生产线直接连接,让用户参与到产品设计和生产中,实现了产品与用户需求的无缝对接。在航空航天领域,波音公司利用大数据分析优化飞机的设计和维护,提升了飞行的安全性和效率。智慧制造不仅提高了生产效率和产品质量,更为传统制造业注入了创新活力,推动了产业的转型升级。

图7-2 智能制造

互联网+:新商业模式的崛起

互联网+,这一概念将互联网与各行各业深度融合,催生了一系列崭新的商业模式。在零售业,淘宝、京东等电商平台打破了传统零售的地域限制,让消费者足不出户即可购买全球商品。餐饮业也不甘示弱,美团、饿了么等外卖平台让美食送上门成为日常。旅游业更是受益匪浅,携程、去哪儿等旅行平台让旅行规划变得轻松愉快。除了这些,平台经济、共享经济、直播电商等新兴业态正以惊人的速度改变着我们的生活方式。滴滴出行让出行更加便捷,Airbnb让住宿选择更加多样化,抖音、快手等短视频平台让普通人也能成为网红。互联网＋不仅创造了无数就业机会,还改变了人们的消费习惯,促进了社会交往方式的多元化。

数字化产业的应用领域及案例

数字化产业的应用无处不在,从教育、医疗到金融、娱乐,它正以迅猛之势渗透到社会的每一个角落。在线教育平台如网易公开课、Coursera,让人们在家就能接受高质量的教育。远程医疗服务让偏远地区的患者也能享受到优质医疗资源。金融科技让支付、投资变得更加方便快捷,支付宝、微信支付等移动支付工具已经成为人们生活中不可或缺的一部分。在娱乐领域,Netflix、爱奇艺等视频平台,让人们可以随时随地观看喜爱的影视作品。数字化产业不仅丰富了我们的生活,更为各行各业带来了前所未有的发展机遇。

数字化产业的发展及影响

数字化产业的发展,正以前所未有的速度改变着全球经济格局。它推动了产业的创新升级,提高了生产效率,创造了大量的就业机会。同时,数字化产业也带来了新的挑战,如数据安全、隐私保护、数字鸿沟等问题。随着5G、人工智能、区块链等新技术的不断涌现,数字化产业的未来充满了无限可能。对于个人而言,掌握数字技能成为职场竞争的重要砝码。对于企业而言,数字化转型成为提升竞争力的必经之路。对于社会而言,数字化产业的发展将推动社会公平、促进可持续发展,为构建更加美好的未来奠定坚实基础。

当前,数字化产业正以其独特的力量,引领我们进入一个充满机遇与挑战的新时代。让我们一起拥抱数字化的浪潮,共同创造更加智能、高效、美好的未来。

7.3 数字化社会:城市创新实验室涌现

在未来城市中,街道上的路灯不仅能照明,还能监测空气质量,收集天气数据;公园里的座椅可以无线充电,甚至提供免费 Wi-Fi;你乘坐的公交车能自动避让行人,还能预测交通拥堵。这一切看似科幻的场景,正在城市创新实验室中逐渐变为现实。这些实验室就像是城市的创新工坊,不断尝试、测试新技术,让城市变得更加智慧、高效。通过城市创新实验室的探索,我们可以预见,数字化社会的明天将更加美好。

城市创新实验室的概念及内涵

城市创新实验室,简而言之,就是城市中专门用于测试、验证新技术、新服务、新政策的地方。它通常位于城市的某个区域,或者是一个具体的设施,比如智慧交通系统、智能电网、绿色建筑等。这些实验室旨在解决城市发展中的具体问题,如交通拥堵、环境污染、能源管理等,通过实际操作和数据收集,评估创新方案的效果,为城市的可持续发展提供科学依据。

城市创新实验室的核心理念是"试验"。这意味着它们允许失败,鼓励创新。在这里,新技术可以小范围试点,观察其在真实环境中的表现,从而不断调整优化。这种试验性的做法,减少了大规模部署新技术的风险,同时也加快了创新的步伐。

城市创新实验室的发展

城市创新实验室在全球范围内迅速发展,尤其是在北欧、北美和亚洲的一些先进城市。比如,芬兰的赫尔辛基、荷兰的阿姆斯特丹、韩国的首尔等城市,都设立了专门的城市创新实验室,涵盖了智慧交通、智慧能源、智慧城市治理等多个领域。

在中国,不少城市也积极响应,将城市创新实验室作为推动数字化转型的重要抓手。例如,贵阳市建立了大数据综合试验区,探索数据驱动的智慧城市建设;深圳市的南山科技园则聚集了大量的创新企业和研究机构,形成了一个充满活力的创新生态系统。

图 7-3　深圳开放创新实验室

这些实验室的发展,离不开政府的政策支持和企业的积极参与。政府通常会提供资金、场地和技术指导,而企业则负责技术研发和市场化推广。通过这种公私合作的模式,城市创新实验室能够更有效地推动科技成果的转化,促进城市数字化转型。

城市创新实验室对数字化社会的作用

城市创新实验室对构建数字化社会起到了至关重要的作用。它们不仅加速了新技术的普及和应用,还促进了城市治理的现代化。城市创新实验室对数字化社会的主要贡献方面如下:

1. 促进技术融合

城市创新实验室将物联网、大数据、人工智能等技术融合在一起,探索其在城市环境中的应用场景。例如,通过智能传感器收集交通流量数据,利用大数据分析预测交通拥堵,从而优化交通信号灯的控制,减少拥堵。

2. 提升城市管理效率

借助城市创新实验室,城市管理者可以实时监测城市运行状态,及时发现问题并做出响应。比如,智能垃圾箱能够自动感应垃圾容量,通知清洁工人及时清空,避免了过度清理或清理不及时的情况。

3. 增强市民参与感

城市创新实验室鼓励市民参与城市治理,通过手机应用程序、社交媒体等途径收集市民意见,让市民成为城市发展的参与者和监督者。这种参与感增强了市民对城市的归属感,促进了社区的和谐发展。

4. 推动绿色低碳发展

城市创新实验室在探索节能减排、绿色建筑等方面发挥了重要作用。例如,通过智能电网调节电力供需,减少能源浪费;利用太阳能、风能等可再生能源供电,减少化石能源的消耗。

5. 促进经济创新

城市创新实验室为初创企业和创新团队提供了试验田,有助于孵化新的商业模式和创新企业,推动经济增长。同时,它们也为传统企业提供了转型升级的机会,通过数字化改造提升竞争力。

城市创新实验室不仅是城市数字化转型的推动者,也是智慧城市建设的实践者。它们通过实验、测试、优化,不断探索新技术在城市中的最佳应用方式。作为数字化社会的探路者,城市创新实验室正以开放的心态、创新的精神,引领我们走向一个更加智慧、绿色、包容的未来。让我们共同期待,未来城市在数字化转型的道路上,能够绽放出更加璀璨的光芒。

7.4 数字化治理:智能管理的艺术

政务数字化:透明高效的政府服务

政务数字化,就像是一场政府服务的革命。它不仅仅是将纸质文件变成电子文件那么简单,而是彻底改变政府与民众沟通的方式,让政府服务更加透明、高效、人性化。电子政务和智慧政务,这两个概念就是政务数字化的具体体现。

1. 电子政务:服务的革新

电子政务是指政府利用互联网技术,将传统的政务服务搬到线上,实现信息的快速传递和业务的在线办理。比如,我们可以通过政府网站查询政策法规、提交申请、预约服务,甚至缴纳罚款。这大大节省了排队等候的时间,提高了服务效率。你只需在家点击几下鼠标,就能完成原本需要跑到政府部门排队办理的手续,是不是很神奇呢?

2. 智慧政务:科技的智慧

智慧政务则是电子政务的升级版,它利用大数据、人工智能等先进技术,提供更加个性化、智能化的服务。例如,政府可以分析大数据预测市民的需求,提前准备资源,避免高峰期的拥挤。在某些城市,甚至实现了"刷脸"办事,通过人脸识别技术,市民无需携带身份证件,就能快速完成身份验证,享受服务。这种科技的智慧,让政府服务变得更贴心、更高效。

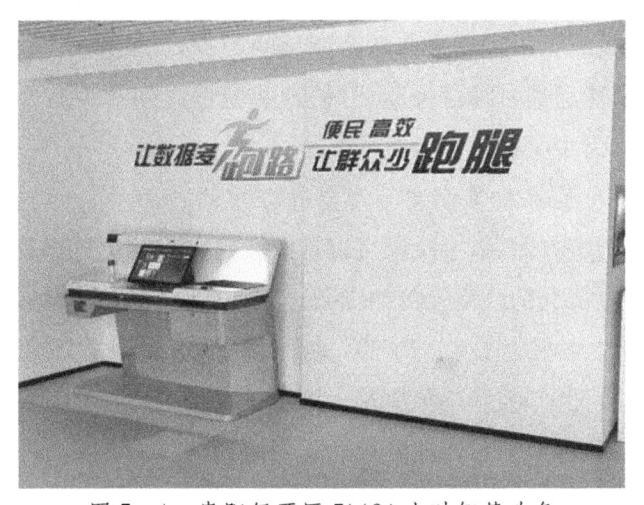

图 7-4　贵阳经开区 7×24 小时智慧政务

3. 政务数字化的影响

(1) 提升政府效率和透明度

政务数字化不仅提升了政府的效率,也让政府运作变得更加透明。

政府通过公开数据,让公众可以随时查阅政府的工作进度、预算开支等信息,增强了政府的公信力。此外,电子化记录还能减少人为错误,防止腐败现象的发生,让政府的服务更加公正、可信。

(2)提升公民政治参与度

政务数字化还促进了公民的参与,通过在线平台,民众可以方便地向政府提出建议和投诉,参与政策讨论,这使得政府决策更加民主、贴近民心。同时,高效透明的服务也提升了政府的形象,让民众对政府的信任度大大增加。

数据驱动的决策:智能管理的新范式

数字决策,通过分析大量的数据,揭示隐藏的规律和趋势,引导政府做出更加科学、精准的决策,帮助政府预测未来的可能性,制定合理的政策。

1. 数字决策的基本原理

数字决策的核心在于利用大数据分析技术,从海量数据中提取有价值的信息。政府可以收集来自各个领域的数据,如经济指标、人口统计、环境监测等,然后通过算法模型,分析这些数据之间的关联性,预测未来的发展趋势,为决策提供依据。

2. 数字决策在政策制定与应急管理中的应用

在政策制定方面,数字决策可以帮助政府更加精准地识别社会需求,制定符合实际情况的政策。例如,通过分析就业数据,政府可以了解哪些行业就业压力大,哪些技能需求高,从而针对性地制定就业促进政策。

在应急管理中,数字决策更是发挥了关键作用。在自然灾害预警、疫情追踪等方面,大数据分析能够快速识别潜在的风险区域,预测灾害或疫情的传播路径,帮助政府及时采取措施,减少损失。

数字化治理的挑战与未来

数字化治理是一场永无止境的探索,它让政府服务变得更高效、更透明,让决策更加科学、民主。但同时,我们也需要正视它带来的挑战,不断寻找解决方案,确保数字化治理能够造福于每一个人,让我们的社会更加和谐、美好。

1. 数字化治理的挑战

尽管数字化治理带来了众多好处,但它也面临着一些挑战,比如数据安全、隐私保护、数字鸿沟等问题。

(1) 安全与隐私的挑战

随着越来越多的个人信息被数字化,数据安全和隐私保护成为亟待解决的问题。政府需要建立健全的数据保护法律体系,确保公民的个人信息不被滥用或泄露。

(2) 数字鸿沟的困扰

数字化治理还可能加剧数字鸿沟,即不同群体在数字技术使用上的差异。一些老年人、低收入家庭可能因为缺乏必要的设备或技能,无法享受到数字化带来的便利。政府需要采取措施,如提供公共上网设施、开展数字技能培训,确保每个人都能够平等参与数字化社会。

(3) 平衡技术创新与社会公平

数字化治理需要在技术创新与社会公平之间找到平衡点。政府不仅要推动科技的进步,也要关注技术对社会的影响,确保数字化成果惠及所有人,而不是仅仅少数人。

2. 数字化治理的未来

数字化治理的未来充满了无限可能。随着人工智能、区块链等新技术的发展,未来的政府服务可能会更加个性化、智能化。例如,智能助手可以提供24小时不间断的咨询服务,区块链技术可以保证数据的安全和不可篡改性,让政府服务更加可靠。

同时,数字化治理也将更加注重可持续发展,利用数据和技术优化资源分配,减少浪费,保护环境。政府将与企业、社会组织、公民个人形成更加紧密的合作,共同构建一个智慧、绿色、包容的数字化社会。

第八章 绿色发展
——可持续发展的生态乐章

2024年1月,中共中央总书记习近平在主持中共中央政治局第十一次集体学习时提出"绿色发展是高质量发展的底色,新质生产力本身就是绿色生产力。必须加快发展方式绿色转型,助力碳达峰碳中和。牢固树立和践行绿水青山就是金山银山的理念,坚定不移走生态优先、绿色发展之路"[①]。

8.1 绿色经济:环境友好型经济模式的探索

随着工业化的步伐加快,环境污染、资源枯竭等问题日益严峻,威胁着人类的生存和发展。为了应对这一挑战,绿色经济应运而生,它倡导在经济增长的同时保护环境,实现经济效益、社会效益和生态效益的和谐统一。绿色经济,不仅仅是经济活动的绿色转型,更是一场深刻的社会变革,它要求我们在追求繁荣的同时,不忘保护我们赖以生存的地球家园。

绿色经济的概念与意义

绿色经济是一种遵循"开发需求、降低成本、加大动力、协调一致、宏

---

① 新华社. 习近平在中共中央政治局第十一次集体学习时强调 加快发展新质生产力 扎实推进高质量发展[EB/OL]. (2024-02-01)[2024-07-10]. https://news.cyol.com/gb/articles/2024-02-01/content_4wdw3VUWlN.html.

观有控"等五项准则,并且得以可持续发展的新型经济模式。它强调经济与环境和谐的目标,通过创新技术、优化产业布局和提高资源利用效率等方式,实现经济的绿色转型。绿色经济的发展途径之一在于追求"绿色增长",即在不牺牲环境质量的前提下,实现经济的持续健康发展。绿色经济的核心价值在于,它能够平衡经济发展与生态保护的关系,确保人类社会的可持续发展。我们可以享受到更清洁的空气、更清澈的水源、更健康的食品,这些都是绿色经济带来的直接福利。

全球绿色经济发展趋势

在全球范围内,绿色经济已经成为一股不可忽视的力量。欧洲、北美洲和亚洲等地区纷纷推出绿色经济政策,鼓励绿色产业的发展。例如,丹麦通过大力发展风能和生物质能,实现了能源结构的绿色转型,成为全球领先的绿色能源国家;欧盟提出了在2050年实现碳中和的目标,通过大力发展可再生能源、推广绿色交通等方式,推动绿色经济转型。北美地区,尤其是美国加州,已经成为绿色技术的创新高地,吸引了大量的绿色投资。亚洲的日本和韩国,则在绿色建筑和节能技术方面取得了显著进展。

我国绿色经济的进展与挑战

在中国,绿色经济同样受到了高度重视。从"十一五"规划开始,绿色发展理念就被纳入国家发展战略之中。近年来,我国相继推出了多项绿色经济政策,如《绿色债券发行指引》《中国清洁发展机制基金管理办法》等,旨在引导资金流向绿色项目,促进绿色经济的繁荣。然而,绿色经济的发展也面临着不少挑战,如绿色技术的研发成本较高、绿色产品市场接受度有限等。此外,如何平衡经济发展与环境保护,避免"绿色泡沫"的出现,也是当前需要解决的重要问题。

绿色金融的作用与创新

绿色金融是绿色经济的重要组成部分,它通过绿色债券、绿色基金等金融工具,为绿色项目提供资金支持。绿色债券作为一种特殊的债券品种,其募集资金专门用于绿色项目,如清洁能源、绿色交通等领域。绿色基金则是通过集合资金,投资于绿色企业和项目,帮助它们成长壮大。绿色金融的创新,不仅拓宽了绿色经济的资金来源,也为投资者提供了多样化的绿色投资选择,促进了绿色经济的良性循环。

8.2　绿色能源:清洁能源引领未来

在地球母亲的怀抱中,蕴藏着无数的自然馈赠,它们以太阳、风、水的形式,静静地等待着人类的智慧去唤醒。这些取之不尽、用之不竭的清洁能源,正悄然改变着我们的生活,引领着未来的能源革命。让我们一起,踏上这场绿色能源的探索之旅,感受大自然的慷慨与科技的魅力。

清洁能源的种类与优势

清洁能源,如同大自然的魔法,以太阳能、风能、水能、生物质能等形式,为人类提供着源源不断的能量。太阳能,是阳光的恩赐,光伏板捕捉阳光,将其转化为电能,照亮我们的生活;风能,是风的舞蹈,风力发电机旋转的叶片,将风的动能转换为电能,清洁又高效;水能,是水流的歌唱,水电站利用水流推动涡轮发电,稳定可靠;生物质能,是生命的循环,人们通过燃烧生物质,如农作物残余、木材废料,产生热能或转化为生物燃料,实现资源的再利用。

这些清洁能源的共同优势在于它们的"绿色"属性——在生产过程中几乎不排放有害气体,减少了对环境的污染,同时,由于其资源的可再生性,能够持续供应,为地球的可持续发展提供动力。

全球清洁能源发展概况

在全球范围内,清洁能源的使用比例正在逐年攀升,据国际能源署(IEA)数据,2020年,可再生能源占全球电力新增装机容量的近90%[1]。各

---

[1]　电力网.IEA:2020年全球新增电力近90%将来自可再生能源[EB/OL].(2020-11-11)[2024-07-10]. https://guangfu.bjx.com.cn/news/20201111/1115318.shtml#.

国政府纷纷加大对清洁能源的投资,推出优惠政策,如美国的清洁能源税收抵免政策,中国的"十三五"规划中提出的清洁能源发展目标,以及欧盟的绿色协议,都在积极推动清洁能源的普及。

在投资方面,2020年全球清洁能源投资额达到了创纪录的3035亿美元,中国、美国和欧洲国家是投资的主要来源。这些资金不仅用于清洁能源项目的建设,还支持了相关技术研发,加速了清洁能源的商业化进程。

我国清洁能源的发展策略

我国在清洁能源发展上制定了明确的规划与目标。根据"十四五"规划,2025年可实现风电装机4亿~4.5亿千瓦、光伏发电装机6亿~6.5亿千瓦、常规水电装机3.8亿千瓦、核电装机0.7亿千瓦、生物质发电0.4亿千瓦,非化石能源供给量可达11亿吨标准煤左右,占能源消费总量的20%左右[①]。为实现这些目标,我国采取了一系列措施,包括加大清洁能源技术研发力度,完善市场机制,推动清洁能源与传统能源的融合,以及鼓励民众参与清洁能源消费等。

图8-1 清洁能源

技术突破是清洁能源发展的关键,我国在光伏、风电等领域的技术创新取得了显著成果,降低了清洁能源的成本,提高了能源转换效率。市场机制

---

① 中华人民共和国国家发展和改革委员会."十四五"规划《纲要》章节指标之4|非化石能源占能源消费总量比重[EB/OL].(2021-12-25)[2024-07-10]. https://www.ndrc.gov.cn/fggz/fzzlgh/gjfzgh/202112/t20211225_1309671_ext.html.

的完善,如碳交易市场和绿色证书制度,为清洁能源的推广提供了经济激励。

清洁能源与能源转型

清洁能源在推动能源结构转型中扮演着至关重要的角色。能源互联网和智能电网等新兴概念的提出,旨在构建一个更加灵活、高效的能源系统,实现能源的智能化管理与分配。能源互联网通过互联网技术,将分散的清洁能源发电设备、储能设施、用电设备等连接起来,形成一个智能、高效的能源网络,提高能源利用效率。智能电网则利用先进的信息通信技术,实现电力系统中发电、输电、配电、用电各个环节的智能化,提升电网的安全性和可靠性。

清洁能源的发展,不仅有助于减少温室气体排放,减缓气候变化,还能够促进经济结构的优化升级,创造新的就业机会,带动相关产业链的发展,为实现绿色低碳的可持续发展奠定坚实基础。

绿色能源,是大自然给予我们的宝贵礼物,也是人类智慧的结晶。在这场清洁能源的探索之旅中,我们见证了科技的力量,感受到了绿色的希望。让我们携手并进,共同守护这片蓝天白云,为子孙后代留下一个更加美好的地球家园。

8.3 绿色产业:从源头到终端的绿色转型

当未来的工厂不再排放滚滚黑烟,而是被绿意盎然的植被环绕,屋顶上的太阳能板闪烁着希望的光芒,流水线上的产品从原料采集到包装,每一环节都遵循着绿色、低碳的原则——这就是绿色产业即将带领我们走向的"乌托邦"。发展绿色产业不仅能够保护我们的地球母亲,还能带来经济效益,实现环境与经济的双赢。让我们一起探索绿色产业的奥秘,看看它如何从源头到终端,一步步实现绿色转型。

绿色产业链的构建

绿色产业链,就如同一条精心编织的生命链,它串联起从原材料获取、生产制造、产品使用到废弃物处理的每一个环节,确保整个过程对环境的影响降到最低。绿色农业,作为绿色产业链的起点,通过采用有机耕作、节水灌溉等技术,减少了化肥和农药的使用,保护了土壤和水资源。绿色制造业则利用先进的节能减排技术,如清洁能源、资源回收利用,降低生产过程中的碳足迹(即温室气体排放的集合)。而绿色服务业,通过提供绿色物流、绿色建筑等服务,进一步推动了产业链向绿色方向的延伸。

应用案例:

(1) 绿色农业:在中国,一些农场开始采用滴灌技术,这种精准灌溉方式不仅节约了水资源,还提高了作物产量。同时,有机耕作模式减少了化学肥料和农药的使用,保护了农田生态。

(2) 绿色制造业:欧洲某知名汽车制造商,通过引入碳捕捉技术,对生产过程中产生的二氧化碳进行回收和再利用,显著降低了温室气体排放,成为绿色制造业的典范。

(3) 绿色服务业:美国的绿色建筑项目,采用节能材料和智能化管理系统,大大减少了建筑物的能耗,提升了居住和办公环境的质量。

绿色技术创新发展

绿色技术,是绿色产业转型的重要推手。碳捕获与封存技术(CCS)能够捕捉工业排放的二氧化碳,并将其储存于地下,阻止其进入大气,有效减缓全球变暖。而循环经济模式,则通过产品设计、材料回收和再利用,将废物转化为资源,实现了资源的最大化利用。此外,新能源技术如太阳能、风能的广泛应用,也为绿色产业提供了清洁的能源来源。

绿色技术的实践应用

(1) 碳捕获与封存:中国在碳捕集与封存领域取得了显著进展,根据《中国二氧化碳捕集利用与封存(CCUS)年度报告(2021)》,截至 2021 年底,我国已投运和建设中的 CCUS 示范项目约 40 个,分布于 19 个省份,涉及电厂和水泥厂等纯捕集项目以及 CO_2 - EOR、CO_2 - ECBM、地浸采铀、重整制备合成气、微藻固定和咸水层封存等多样化封存及利用项目[①],

---

① 36氪研究院.2022 年中国碳捕集、利用与封存(CCUS)洞察报告[EB/OL].(2022 - 06 - 30)[2024 - 07 - 11]. https://www.36kr.com/p/1805991033062665.

为大规模减排提供了技术支持。

(2) 循环经济：日本的循环经济发展模式值得借鉴。该模式是以解决废弃物问题为起点，构建循环型社会的发展模式。循环型社会的发展内涵是通过抑制废弃物等的产生、资源的循环利用和合理处置等措施，控制自然资源的消费，建立最大限度减少环境负荷的社会。日本把发展循环经济建立循环型社会看作是实施可持续发展战略的重要途径与方式，通过构建循环经济法律体系、完善循环经济的政策机制来推动生产生活方式的转变，实现经济的可持续发展[①]。

绿色标准与认证体系

为了确保绿色产业的健康发展，各国纷纷建立了绿色产品标准和环境管理体系认证体系。这些标准和认证，如 ISO 14001 环境管理体系认证、绿色食品标志，不仅规范了企业的生产行为，还提升了消费者对绿色产品的认可度，推动了绿色消费的兴起。

相关标准体系的作用

(1) ISO 14001 环境管理体系认证：帮助企业识别和控制环境影响，提高环境绩效，得到了全球超过 30 万家企业和组织的采纳。

(2) 绿色食品标志：中国绿色食品发展中心颁发的绿色食品标志，保证了食品的安全性和环境友好性，深受消费者信赖。

政策驱动下的绿色产业转型

政府政策是推动绿色产业转型的关键。通过实施绿色补贴、税收优惠等激励措施，政府能够引导企业向绿色方向发展。例如，中国推出的新能源汽车购置补贴政策，极大地促进了新能源汽车市场的增长。同时，严格的环保法规，如污染物排放标准的设定，也迫使企业采取更加环保的生产方式。

---

① 佚名.日本的循环经济发展模式及其特点[EB/OL].[2024-07-11].https://www.docin.com/p-82546177.html.

政策激励措施

（1）绿色补贴：中国政府对光伏、风电等可再生能源项目提供补贴，降低了清洁能源的开发成本，吸引了大量投资。

（2）税收优惠：对绿色建筑、绿色交通等领域给予税收减免，刺激了绿色技术的研发和应用。

绿色产业的兴起，标志着人类对可持续发展的不懈追求。从绿色产业链的构建到绿色技术创新，再到绿色标准的制定和政策的引导，每一步都体现了我们对美好未来的憧憬和努力。让我们携手并进，为构建一个绿色、健康、可持续的世界贡献力量。

8.4 绿色生活：倡导低碳生活，共享绿色福利

在一片蔚蓝的天空下，孩子们欢快地奔跑在绿茵茵的草地上，呼吸着清新空气，感受着大自然的恩赐……这样的画面，是每个人心中的美好愿景。然而，随着工业化和城市化的加速，环境污染、资源枯竭等问题日益严峻，绿色生活成为我们共同的追求。从绿色消费、绿色生活方式、绿色教育到绿色社区建设，我们将探索如何在日常生活中实践绿色行动，共同守护我们美丽的地球家园。

绿色消费理念的普及

绿色消费，也称可持续消费，是指一种以适度节制消费、避免或减少对环境的破坏、崇尚自然和保护生态等为特征的新型消费行为和过程。国际上公认的绿色消费有三层含义：一是倡导消费者在消费时选择未被污染或有助于公众健康的绿色产品；二是在消费过程中注重对废弃物的处置；三是引导消费者转变消费观念，崇尚自然、追求健康，在追求生活舒适的同时，注重环保、节约资源和能源，实现可持续消费[①]。

[①] 绿色经济协会.绿色焦点.绿色消费的定义[EB/OL].(2015-11-12)[2024-07-10].http://www.igea-un.org/cms/show-2712.html#.

消费者的角色至关重要,因为每一次消费选择都在无形中影响着生产模式。当你选择一件环保材料制成的衣服,或是使用可降解的餐具,就是在用实际行动支持绿色生产,鼓励企业采用更环保的生产工艺。

绿色消费指南

(1)购买环保产品:比如,选择有机食品,减少农药和化肥的使用;选购节能电器,减少电力消耗;使用可重复使用的购物袋,减少塑料袋的使用。

(2)节约资源:合理用水用电,如使用节水器具、LED灯泡;减少浪费,实行光盘行动,避免食物浪费。

生活方式的绿色转型

绿色生活方式的转变不仅有助于保护环境,还能提升生活质量。例如:

1. 绿色出行:骑自行车、步行或乘坐公共交通工具代替私家车出行,不仅能减少温室气体排放,还能锻炼身体。

2. 绿色建筑:采用绿色建材,利用太阳能、雨水收集系统等,建造节能高效的住宅,既舒适又环保。

3. 绿色饮食:多吃蔬菜水果,选择当地季节性食材,减少食物里程,支持可持续农业。

这些绿色生活方式不仅对个人健康有益,还能减轻对环境的压力,实现人与自然和谐共生。

绿色教育与公众参与

绿色教育旨在培养青少年的环保意识,让他们从小树立尊重自然、保护环境的价值观。通过参观自然保护区、参与植树造林、垃圾分类等活动,孩子们能够亲身体验到环保的重要性。公众参与环保活动的形式多样,如参加海滩清洁、城市绿化项目,或是成为环保志愿者,通过自己的行动影响身边的人,共同为地球的绿色明天贡献力量。

绿色社区建设与示范

绿色社区是实践绿色生活方式的理想场所。它强调在社区规划、建筑设计、资源利用等方面体现环保理念。例如：

1. 绿色基础设施：建设绿色屋顶、雨水花园，提高雨水利用率，降低城市热岛效应。

2. 绿色交通：设置自行车道和步行道，鼓励低碳出行；安装电动汽车充电桩，促进新能源汽车的使用。

3. 社区参与：定期举办环保教育活动，鼓励居民参与垃圾分类、节能减排等环保行动。

国内外有许多成功的绿色社区案例。比如，瑞典政府在零碳城市探索之路上，利用滨海棕地进行再开发，以严格的标准在首都斯德哥尔摩市区打造又一个环保、智能、具有气候韧性的可持续社区——皇家港。在中国，上海的"绿谷"项目也是一大亮点，这里不仅有绿色建筑，还采用了先进的雨水回收系统和绿色屋顶，成为城市绿色转型的典范。

图 8-2　绿色社区

绿色生活是一种责任，也是一种幸福。当我们拥抱绿色，不仅是对自然的呵护，也是对自己和后代的关爱。让我们从点滴做起，从自己做起，用绿色行动点亮生活，让地球母亲绽放更加灿烂的笑容。记住，每一颗小小的种子，都能成长为参天大树，汇聚成森林的力量。绿色生活，从我做起，让我们一起为地球加油！

第三部分 未来篇

第九章 数据为王
——万物皆数的世界

9.1 数据：数智时代的石油

在浩瀚的科技海洋中，有一个无形的宝藏正悄然改变着我们的生活，它就是数据。如果说工业革命时期，石油是驱动社会进步的"黑色黄金"，那么在今天的数智时代，数据则扮演着同样举足轻重的角色。从个人日常到国家决策，从微观生活到宏观发展，数据无处不在，无时无刻不在影响着我们的世界。那么，就让我们一同揭开这层神秘的面纱，探索这"数智时代的石油"究竟有何魔力。

数据的神奇力量

什么是数据？

根据《中华人民共和国数据安全法》的定义，数据是指任何以电子或者其他方式对信息的记录。"数据"是对"信息"的记录，是对事物的记录或描述，是客观的、无序的。"数据"既包括"数字"，也包括声音、图像等以模拟形式存在的数据。数据可分为结构化数据、半结构化数据和非结构化数据，通常，数据是指"原始数据"，是记录事实的结果，用来描述事实的未经加工的素材。

数据并非仅仅是冰冷的数字串。在这个信息爆炸的时代，数据可以是文字、图片、视频，甚至是我们的每一次点击、每一次滑动屏幕。比如，你在学校的每一次考试成绩、在社交媒体上的每一次点赞和评论，甚至是你运动手环记录的每一次心跳和步数，这些都是数据。它们或许看似微不足道，但当它们汇聚成海，经过精心的处理和分析后，就能揭示出惊人的模式和趋势，成为我们洞察世界的钥匙。在数智时代，数据的触角已经延伸到我们生活的每一个角落。从城市交通流量的实时监控，到在线教育平台根据学生的学习习惯提供个性化学习资源；从气象站收集的气候变化信息，到智能医疗系统通过分析病人历史病例为医生提供诊疗建议……数据正在以前所未有的方式塑造着我们的世界。

图 9-1 数据无处不在

数据的采集与存储

数据，这一涉及生成、收集和处理的重要元素，其来源和采集方式对于数据的价值和应用至关重要。数据采集，即从各种源头和渠道获取并处理数据的过程，涵盖传感器、计算机、互联网、数据库等多种数据源。

采集的巨量数据如同繁星点点，它们需要一个安稳的家。数据存储，这个计算机科学的核心过程,正是它们的庇护所。从随机存取存储器(RAM)的闪电处理到只读存储器(ROM)的恒久记忆,不同类型的内存架构各展所长,让数据在即时与长久间自由穿梭。

但数据洪流日益汹涌,特别是大数据、物联网等新技术的崛起,对数据存储提出了更高要求。于是,存储技术不断创新,从直连存储(DAS)的简单直接,到网络附属存储(NAS)的共享便捷,再到存储区域网络(SAN)的高性能专用网络,每一步都是对极限的挑战与突破。而今,闪存固态硬盘(SSD)的疾速读写、混合存储的均衡之道、云存储的灵活无界,以及混合云的智慧融合,共同编织了一张数据安全的网。它们不仅提升了存储效率,更降低了成本,让数据世界更加宽广。

数据的管理与变现

数据,就像石油一样,需要被妥善管理和保护。采集和存储数据后,正确的管理关乎国家安全、个人隐私和经济发展。

数据管理不仅仅是对数据的保管,更重要的是将数据转化为具有价值的资产。这需要政府和企业投入必要的技术、人才和管理机制,在遵循法律法规、保障数据安全与隐私的前提下,系统性地进行价值识别、确权、资产化、估值、选择变现途径以及构建管理体系等工作,提升数据资产的价值,进而实现数据变现。

数据变现的途径多样,包括数据交易、数据资产入表、数据资产出资和数据资产融资等。无论选择哪种方式,政府和企业都需要建立有效的数据资产管理体系,确保数据的安全、合规和持续变现,并通过不断尝试、学习和调整,实现数据资产价值的最大化,最终在数智化时代构建竞争优势和实现可持续发展。

数据的未来

我们即将迈入一个"万物皆数"的新纪元。在这个时代,数据将不仅仅是数字或信息的堆砌,而是成为驱动社会进步和创新的核心动力。随着技术的不断进步,数据的采集将更加高效、存储将更加安全、分析将更加智能。我们将能够利用数据预测天气变化、优化资源配置、提升生产效率、改善医疗服务……数据的力量将渗透到社会的每一个角落,推动人类文明的进步。同时,数据资产化的趋势也将日益明显,数据将成为企业和个人重要的财富来源。在这个数据为王的时代,我们需要更加重视数据的保护和管理,确保数据的安全和合规使用。只有这样,我们才能充分发挥数据的潜力,共同创造一个更加智能、高效、美好的未来。

9.2 数据可视化:让数据说话

在这个信息飞速流转的时代,我们仿佛置身于一个由数字编织的海洋。从每天的手机通知到学校的成绩单,从社交媒体上的点赞数到全球气候变化的统计,数据无处不在,它们静静地记录着世界的每一个细微变化。然而,这些数据背后的故事往往隐藏在复杂的数字和图表之中,让人难以捉摸。幸运的是,有一种神奇的工具能够将这些沉默的数据转化为生动的图像,让它们自己"说话"——这就是数据可视化。

数据的透视镜

什么是数据可视化?

数据可视化是指将大型数据集中的数据以图形图像的形式表示,并利用数据分析和开发工具发现其中未知信息的处理过程[①]。

数据可视化不仅让复杂数据变得一目了然,还增强了数据的表达力和感染力。在数据新闻中,可视化尤为重要,它能讲述数据背后的故事,传达深层含义,辅助读者更好地理解信息。想象一下,一家大型连锁超市拥有成千上万种商品,每天的销售数据、库存变动以及顾客购买行为都会产生大量的数据。如果这些数据只是以数字和表格的形式存在,那么管理层很难快速捕捉到其中的关键信息。但是,如果利用数据可视化工具

---

① 刘勘,周晓峥,周洞汝.数据可视化的研究与发展[J].计算机工程,2002,28(8):1-2+63.

将这些数据转化为图表、热力图或动态仪表盘,那么情况就大不相同了。这就是数据可视化的魔力所在——它能够将复杂的数据集转化为易于理解的视觉图像,帮助我们快速捕捉数据中的关键信息。

数智化时代的数据可视化

在互联网的推动下,数据可视化的表现形式更加丰富多样。从简单的柱状图、折线图,到复杂的热力图、散点图、曲面图,再到动态的数据仪表盘和交互式的信息图表,每一种形式都有其独特的魅力和应用场景。例如,在城市交通管理中,北京、上海等大城市的交通管理部门采用大数据可视化技术,整合并实时展示道路车流、拥堵情况以及公共交通流量等信息,生成详细的交通态势图。这些可视化数据帮助管理者迅速识别交通瓶颈,优化信号灯控制策略,有效缓解城市交通压力。

对于学生来说,数据可视化同样具有重要的学习价值。在历史课上,我们可以通过时间线来展示不同历史事件的顺序和发展脉络;在地理课上,可以用地图来展示不同气候区的分布和地形特征;在数学和物理课上,则可以利用图表来分析函数的变化趋势和物理量的关系。这些应用不仅让学习变得更加生动有趣,还能帮助我们更好地理解和掌握知识点。

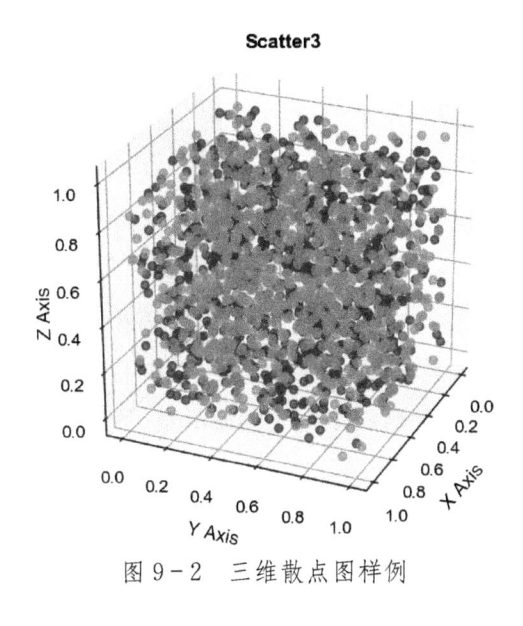

图 9-2 三维散点图样例

图 9-3　曲面图样例

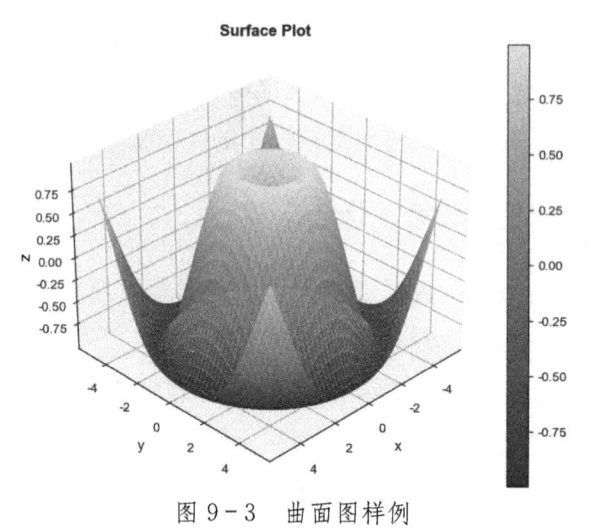

图片来源：https://mp.weixin.qq.com/s/GaFqg-26_FYNL5xRGKCflw

如何实现数据可视化

进行有效数据可视化需遵循多步骤：1.明确目标与主题，确保信息传达精准且对受众有价值。2.彻底整理与清洗数据，确保其准确可靠，无遗漏或异常。3.根据数据特性，精选适合的图表类型，如用柱形图对比分类，用折线图展现趋势。4.设计时，运用视觉元素布局与格式塔（整体）原则，提升图表可读性与吸引力，遵循简洁原则，避免冗余色彩与复杂图形分散注意，确保观众聚焦核心数据，从而高效传达信息。

另外，数据可视化工具如 Tableau、ECharts 等，均具备实时更新能力，确保数据呈现的最新性。它们操作简便，用户友好，支持多样化的数据格式与集成方式，能够轻松接入各类数据源。此外，这些工具能便捷地将可视化作品嵌入互联网，实现信息的广泛传播与互动。国内市场上，镝数、花火 HANABI 等新兴软件亦崭露头角，以其本土化的优势，满足更多个性化需求，共同推动数据可视化领域的繁荣发展。

数据可视化的未来

未来，数据可视化将持续深化其智能化、互动性与个性化发展。随着

AI、大数据技术的融合,数据可视化将实现更精准的数据洞察与预测,使复杂信息一目了然。在万物皆数的时代,数据可视化不仅是信息呈现的方式,更是连接物理世界与数字世界的桥梁,助力各行各业决策优化与创新。它将在交通管理、教育学习、医疗健康等领域发挥更大作用,通过直观、生动的视觉展示,提升信息理解效率与决策质量。同时,随着工具与软件的持续创新,数据可视化将更加易于操作,满足多样化的需求,推动信息传播的广度与深度,促进社会的智能化进程。

9.3 数据伦理:负责任的数据使用

数据如同血液般流淌在数字世界的脉络中,驱动着科技的飞速发展,也悄然改变着我们的生活方式。然而,正如任何强大的力量都需要被妥善驾驭,数据的使用同样伴随着伦理的挑战。我们应当在享受数据带来的便利的同时,做一个负责任的数据使用者。

数据的道德迷宫

什么是数据伦理?

数据伦理是对数据生产、治理、使用和共享过程中个人和机构需要遵守的社会道德和科学规范,是数据从业人员和机构应该遵从的职业道德准则[①]。

简单来说,数据伦理就是指导我们在数据的收集、存储、处理、分析和共享过程中,如何做出道德上正确的决策。它不仅仅是一套冷冰冰的规则,更是对人性、社会公正和科技进步之间平衡的一种深刻思考。正如美国《韦氏大辞典》所定义的,伦理学是研究何为善、何为恶,以及道德责任和义务的学科。数据伦理,则是这一学科在数字时代的具体体现。

---

① 胡良霖,朱艳华,李坤,等.科学数据伦理关键问题研究[J].中国科技资源导刊,2022,54(1):11-20.

数据伦理的基本原则

随着互联网的普及，我们的个人信息越来越容易被泄露和滥用。因此，尊重个人隐私和保护个人数据成为数据伦理的首要原则。这一原则在国际法律和政策中也得到了充分体现，如欧盟的《通用数据保护条例》等，都对个人隐私和数据保护提出了明确要求。

数据的公正、透明和负责任使用是数据伦理的另一重要原则。在数据驱动的决策过程中，我们必须确保数据的准确性和公正性，避免数据歧视和偏见。同时，数据的来源和使用方式也应该公开透明，以便公众了解和监督。此外，我们还应该对数据的使用负责，确保其不会对个人和社会造成不良影响。

国内外数据伦理的探索与实践

在国际上，许多国家和地区都在加强数据伦理的研究和实践。以美国为例，加利福尼亚州通过了《加州消费者隐私法案》（CCPA），该法案要求企业向消费者明确说明其数据收集和使用情况，并赋予消费者选择退出企业对其个人信息进行销售的权利。此外，联合国教科文组织（UNESCO）也致力于推动全球范围内的数据伦理教育，通过培训、研讨会等形式，提高人们对数据伦理的认识和理解。这些法律和政策的制定，不仅加强了数据监管力度，还提高了企业对数据伦理的重视程度。

在中国，数据伦理问题也引起了广泛关注。例如，政府颁布实施《中华人民共和国个人信息保护法》，为个人信息权益保护、信息处理者的义务以及主管机关的职权范围提供了明确的法律依据。然而，国内企业在数据伦理建设中仍然面临着诸多挑战，如技术瓶颈、法律空白等。例如，在大数据分析中，如何在确保个人隐私的同时充分挖掘数据价值；以及如何界定数据的合理使用范围、如何追究数据滥用行为的法律责任等问题。但正是这些挑战，也为企业带来了转型和发展的机遇。

做一个有道德的数据使用者

我们要明确个人在数据使用中的道德责任,树立正确的数据使用观念。在日常生活中,我们应该养成良好的数据使用习惯,如定期清理个人信息、谨慎分享个人数据等。除了个人,企业在数据伦理中也扮演着举足轻重的角色。企业应建立完善的数据管理制度,加强员工的数据伦理培训,确保数据的合法合规使用。只有企业与个人共同努力,遵守数据伦理规范,才能构建一个安全、公正的数据使用环境。

数据伦理的未来

数据伦理在未来将越来越受到社会各界的重视。随着大数据技术的飞速发展,数据隐私、数据安全和合规使用等伦理问题日益凸显。未来,数据伦理将成为大数据应用领域的核心关注点,确保个人和企业的数据使用行为既合法又道德。为了保护个人隐私,加密和脱敏技术将得到更广泛的应用,防止数据泄露和滥用。同时,数据共享和开放的规范性将逐渐提升,制定明确的数据权属和使用标准,平衡数据利用和个人隐私之间的关系。此外,数据伦理教育也将成为重要一环,提高公众对数据伦理的认知,培养负责任的数据使用习惯。面对全球性的数据伦理挑战,国际合作也将日益加强,共同制定国际标准和规范,推动全球数据伦理治理的协调发展。

9.4 数据素养:数海乘风破浪的关键技能

在浩瀚的数据海洋中,每个人都像是一名航行者,而数据素养则是我们乘风破浪、探索未知世界的必备技能。随着信息技术的飞速发展,数据已经渗透到我们生活的方方面面,成为推动社会进步和发展的重要力量。因此,掌握数据素养,对于个人成长、职业发展乃至提升国家竞争力都具有不可估量的价值。

数据的智慧罗盘

什么是数据素养？

数据素养是指阅读、理解、创建和交流作为信息的数据的能力。与一般意义上的识字能力一样，数据素养的重点是处理数据的能力。然而，它并不类似于阅读文本的能力，因为数据素养需要某些涉及阅读和理解数据的技能。[1]

数据素养，简而言之，就是个体获取、理解、分析、评价及利用数据的能力。它不仅仅是一种技能，更是一种思维方式，帮助我们在数据驱动的世界中做出明智的决策。

对于中学生而言，数据素养的培养更是至关重要。中学阶段是学生完成基础教育、进入社会工作或接受高等教育前的重要学习阶段，是培养学生适应未来社会挑战必须具备的核心素养的关键时期。数据素养不仅能够帮助学生更好地理解和应用学科知识，还能为他们未来的职业发展打下坚实的基础。

提升数据分析能力

要想在数据海洋中畅游，首先需要掌握基本的数据分析方法与技巧。这包括描述性统计分析、推断性统计分析、数据可视化等。描述性统计分析可以帮助我们了解数据的基本情况，如平均值、中位数、众数等；推断性统计分析则允许我们从样本数据中推断出总体特征；而数据可视化则是将复杂的数据以直观的图表形式展现出来，便于我们理解和交流。

除了理论学习外，实践操作也是提升数据分析能力的关键。通过参与数据分析项目、编写数据分析报告等方式，我们可以将所学知识应用于实际学习中，不断积累经验，提高分析水平。

---

[1] 定义源于《哈佛商业评论》。

培养数据驱动的思维模式

数据驱动决策是指对客观数据进行分析和判断从而制定决策的过程。与传统经验驱动或直觉驱动的决策方式相比,数据驱动决策具有更高的准确性和可靠性。通过收集和分析大量数据,我们可以发现隐藏的规律和趋势,为决策提供有力支持;同时还可以通过对比不同方案的效果预测未来发展趋势,降低决策风险。

理解数据驱动决策的优势与意义有助于我们树立科学决策的观念并在实际学习中积极应用数据驱动的方法来提高效率和质量。

运用数据进行科学决策需要掌握一系列有效的方法和工具。例如可以使用统计分析软件对数据进行深入挖掘和分析;可以利用数据挖掘技术发现数据中的潜在规律和关联;还可以运用机器学习算法对数据进行预测和分类等。

数据素养的未来

随着大数据技术的不断发展和应用领域的不断拓展,数据素养将成为未来社会不可或缺的一项基本技能。对于中学生而言,培养数据素养不仅有助于他们适应未来社会的挑战,还能够为他们的终身学习和职业发展奠定坚实的基础。

未来数据素养的培养将更加注重跨学科融合和实践应用。数学、物理、生物、信息技术等STEM(科学、技术、工程和数学)学科将进一步扩展数据素养的培养内容;同时还将通过项目式学习、社会实践等方式让学生在真实情境中应用所学知识,提高数据分析和解决问题的能力。

此外,随着人工智能、物联网等技术的兴起,数据素养的内涵也将不断拓展和深化。未来的数据素养将不仅仅局限于数据分析领域,还将涉及数据治理、数据安全、数据伦理等多个方面。因此我们需要不断更新自己的知识体系和技能结构以适应未来社会的需求和发展趋势。只有不断提升自己的数据素养,才能在这场数据革命中抓住机遇迎接挑战,实现个人价值和社会贡献的双重提升。

数据作为新时代的"石油",正深刻改变着我们的生活和社会。从数据采集、存储到管理、可视化,每一步都体现了数据的价值。然而,数据的强大力量也伴随着伦理挑战,这要求我们尊重隐私、公正透明地使用数据。数据素养或成为必备技能,通过提升数据分析能力、培养数据驱动思维,我们能在数据海洋中乘风破浪。未来,随着技术的不断进步,数据素养的内涵将更加丰富,助力我们在数智时代中抓住机遇、迎接挑战。

第十章　智算使能
——万事皆算的生态

10.1 未来已来：探索"数业"时代的奥秘

我们正站在一个叫作"乌卡[①]丛林"的奇妙世界里，这里充满了未知和挑战，就像我们每天面对的技术变革一样，日新月异，让人目不暇接。但别害怕，因为在这个充满不确定性的时代里，有一个新的力量正在崛起，它叫作"数业"，正引领我们走向一个全新的未来。

"数业"时代：揭秘未来的钥匙

什么是"数业"?

数业是继农业、工业之后的新的经济、社会和文明形态，是以数据作为核心要素、算法为主要驱动力、算力为基础设施、通信网络等为载体，以数智科技等形成新的生产力，推动业态转型，形成现代化生产关系及数智治理模式，开启人类数智化生产方式和生活方式，体现新生态的经济及社会新范式。[②]

[①] 乌卡的定义：乌卡的英文 VUCA 由不稳定性（Volatility）、不确定性（Uncertainty）、复杂性（Complexity）、模糊性（Ambiguity）四个英文单词的首字母组成，描述了当前全球社会经济环境的飞速变化、未知增多、系统复杂、信息模糊等特征。

[②] 观点来自敏捷智库理事长，张晓东。

"数业"时代,简单来说,就是数据当家做主的时代。在这个时代,数据不仅仅是信息的载体,更是推动社会进步的重要力量。万物都可以变成数据,万事都可以通过计算来找到最优解。这种能力让经济、科技、文化、教育、国防等领域都发生了翻天覆地的变化,就像给社会装上了一个超级大脑,让它变得更加聪明、更加高效。

"数业"的属性:1.本质属性,以融合创新为底层逻辑。2.产业属性,数据、知识等软性要素突显。3.市场属性,创新场景驱动取代产品需求驱动为主。

图 10-1 "数业"的属性

从工业到"数业"

在工业经济时代,我们见证了"分工"带来的巨大效益。就像汽车制造生产线那样,每个环节都由专业的工人或机器精细完成,确保整个生产过程的一致性,极大地提高了生产效率和产品质量。自动化技术的应用更是让这种分工合作达到了新的高度,减少了人力投入,提升了生产速度和精度。

然而,当我们迈入数业经济时代,底层逻辑发生了深刻的变化。数业经济不再仅仅依赖分工,而是更加注重"融合"。它鼓励不同行业跨越组织边界,共享资源、经验和技术,以寻找合作的可能并创造增量市场。通过跨界融合、开放合作、协同共生,数业经济形成了一个更强大的创新生态系统,促进了创新的快速迭代和各方共同受益。

在这个新的经济形态下,凸显出数据、知识等软性要素重要性。数据的采集、处理和利用能力对数业产业的竞争力至关重要。同时,数业经济还强调知识的创造、传递和应用,注重技术、算法、模型的创新,以满足用户多样化的需求。

总的来说,从工业到数业,底层逻辑的升级不仅仅是技术层面的变革,更是思维方式、市场模式和组织形态的全面革新。数业经济以其独特的融合创新逻辑,正引领我们走向一个更加智能、高效和人性化的未来。

产业嬗变的视角

世界格局		18世纪60年代	19世纪70年代	20世纪70年代	进入21世纪
	中国、印度、埃及相对封闭	英国成为全球霸主 全球化快速兴起	美国、德国崛起 全球化快速兴起	美国遥遥领先 中国经济起飞 全球化深入发展	中国战略机遇 全球化深度调整
	农业经济 →	工业经济 →		数业经济 →	
	农耕技术 小麦、水稻/棉花	蒸汽机 纺织业/钢铁	电子技术 汽车、化工、电力	ICT技术 ICT网络 ICT产业 计算机/互联网	知识、信息成为生产要素 现代信息网络 DICT技术 信息通信产业 及渗透融合发展的新产业
产业变革	人力生产 手工作坊 范围经济	机器生产/现代工厂 规模化生产 规模化经济	现代化大企业 大规模化生产 规模化经济	合作共享 跨国企业 全球化生产 大规模经济	创新、协同、共享的经济范式、定制化、规模化经济

图10-2 从工业到"数业"的变革过程

"数业"的重构

"数业"时代正在进行一场全方位的重构,从人类社会到商业领域,再到科学与学科,乃至生产与企业管理,每一个角落都在经历着前所未有的变革。

数字原住民们在元宇宙中构建起无边界的生态系统,模糊了现实与虚拟的界限。商业世界更是翻天覆地,主体、时空、要素、结构乃至客体都在经历着根本性的变化。科学的殿堂里,融合科技正引领着新的探索热潮,而数字经济学的兴起,则为学科重构写下了浓墨重彩的一笔。

生产领域,技术数字化与组织敏捷化携手,开启了全球互联智造的新篇章。企业则在市场的重构中寻求价值的新定位,模式的创新成为生存的关键。管理也不再是传统意义上的控制,而是转向了更加灵活、面向对象的新范式。

在这场变革中,我们每个人都是见证者,更是参与者,共同书写着属于"数业"时代的新篇章。

10.2 智能算法:开启数智世界的神秘之门

在"数业"时代背后,有一个默默奉献的英雄——智能算法。它们就像是数智世界的智慧之源,为我们提供了强大的计算能力和解决问题的能力。那么,智能算法究竟是什么? 它们又是如何改变我们的生活的呢?

智能算法的起源和崛起

什么是智能算法?

智能计算是支撑万物互联的数字文明时代新的计算理论方法、架构体系和技术能力的总称。智能计算根据具体的实际需求,以最小的代价完成计算任务,匹配足够的计算能力,调用最好的算法,获得最优的结果。[1]

算法并不是什么新鲜事物。早在公元 825 年,阿拉伯数学家阿科瓦里茨米就在《波斯教科书》中概括了四则运算法则。从那时起,算法就一直在人类的历史长河中扮演着重要角色。无论是简单的食谱步骤还是复杂的计算机指令,都是算法的具体体现。

而到了 21 世纪,人工智能算法更是迎来了爆发期。特别是在 2012 年的 ImageNet 竞赛中,人工智能算法在图像识别准确率上的突破让人们看到了它们的巨大潜力。从此之后,这些算法迅速在语音识别、数据挖掘、自

---

[1] ZHU S Q, YU T, XU T, et al. Intelligent computing: The latest advances, challenges, and future[J]. Intelligent Computing, 2023, 2: 1-45.

然语言处理等领域攻城略地,成为推动科技进步的重要力量。

智能算法的特性与魅力

智能算法之所以强大,是因为它们具有高度的复杂性。这种复杂性体现在算法的内部结构和运行过程中。就像是一个错综复杂的迷宫一样,算法在处理问题时需要考虑各种因素和变量之间的关系。这种动态且难以评估的特性使得算法过程充满了挑战和未知。

然而,正是这种复杂性赋予了智能算法类人性的魅力。它们能够模仿人脑的思维和行为方式来解决问题。比如,在图像识别领域,智能算法可以通过学习大量的图片数据来识别出不同的物体和场景;在自然语言处理领域,它们则可以通过理解人类的语言来进行对话和交流。这种类人性的能力让智能算法更加贴近我们的生活和工作需求。

智能算法的无限可能

智能算法的核心在于机器学习和深度学习。机器学习通过样本数据构建模型来实现预测和决策;而深度学习则模拟大脑神经网络结构来对数据进行表征学习。这两种技术为智能算法提供了强大的计算能力和解决问题的能力。通过不断学习和优化模型参数,智能算法能够在各种复杂场景下表现出色。

随着技术的不断发展和应用领域的不断拓展,智能算法正在展现出无限的可能。在图像识别、语音识别、自然语言处理等领域,它们已经取得了显著的成果;而在未来它们还将在更多领域发挥重要作用。比如,在智能制造领域,智能算法可以优化生产流程提高生产效率;在智慧城市领域,它们则可以帮助政府更好地管理城市资源和公共服务等。

未来算法的新篇章

随着摩尔定律逼近极限,经典计算的算力增长即将遭遇瓶颈,而量子计算则有望突破这一限制。量子计算可以利用量子态的相干性、叠加性、纠缠性等特性进行信息运算从而实现计算能力的飞跃提升。这一技术的出现为智能算法的发展开辟了新的道路,也为未来的科技发展提供了无限可能。

图 10-3　中国量子计算原型机"九章"
来源:https://www.gzstv.com/a/3c5748b128664a6f9a8884c4dbc99593

近年来量子人工智能算法发展迅速,出现了量子卷积网络、量子自然语言处理、量子生成模型等新型算法。这些算法利用量子计算的特性,在解决最优化问题等方面展现出了巨大的优势。比如在材料设计领域,量子算法可以帮助科学家更快地发现新型材料;在药物发现领域,它们则可以通过模拟分子结构来加速新药研发进程等。

10.3　智算赋能:传统产业的智能变身

在这个科技日新月异的时代,我们的生活和工作方式正在经历着前所未有的变革。而在这场变革中,智算——这一融合了先进计算技术和智能算法的新兴力量,正悄然成为推动传统产业转型升级的重要引擎。今天,就让我们一起走进智算的世界,探索它是如何为传统产业披上智能外衣,实现华丽转身的。

传统产业的困境和转型升级路径

新质生产力如何赋能传统产业转型升级?

传统产业是现代化产业体系的基底,在国民经济体系中扮演着至关重要的角色。中央经济工作会议提出,"广泛应用数智技术、绿色技术,加快传统产业转型升级"。发展新质生产力不是忽视、放弃传统产业,而是要以科技创新为引领,统筹推进传统产业升级、新兴产业壮大、未来产业培育,加强科技创新和产业创新深度融合。其中一项重要工作,就是用新技术改造提升传统产业,巩固传统产业领先地位。[1]

传统产业当前正遭遇多重挑战,包括市场需求的变化、生产方式的落后以及环境污染等问题。在科技革命和产业变革的新浪潮下,传统产业必须加快转型升级的步伐,这是其求生存、谋发展的关键所在。

转型升级的路径既明确又紧迫。首先,传统产业需要跟上科技和产业的变革趋势,利用互联网、大数据等新技术进行全面改造,提升数字化、智能化的水平,并实现绿色生产。其次,要处理好政府与市场的关系,让市场在资源配置中发挥决定性作用,同时政府也要破除体制机制障碍,为传统产业提供有力支持。再者,传统产业要以消费者需求为导向,优化供给结构,确保供需之间的动态平衡。最后,要注重新旧动能的转换,推动传统产业与新兴产业协同发展,形成良好的互动关系。

在具体策略上,传统产业要瞄准高端化方向,努力提升产品和服务的质量;瞄准智能化方向,推动数字与实体的融合,打造智能工厂;瞄准绿色化方向,积极推行节能减排,构建低碳发展体系;瞄准融合化方向,促进制造业与服务业的深度融合,创新服务模式;瞄准集群化方向,培育产业集群,加强产业链协同,从而提升整体竞争力。

智算在传统产业转型升级中的角色

传统产业的转型升级并非一蹴而就,而是一个持续优化与创新的过程。随着智能算法的应用不断深入,将从不同方面持续赋能企业的新产品开发、市场拓展等领域,让传统产业焕发新的生机与活力。

1. 创新驱动力:突破技术瓶颈的利器

智算作为新一代信息技术的核心,为传统产业提供了前所未有的计

---

[1] 观点来自中国宏观经济研究院产业经济与技术经济研究所研究员,邱灵。

算能力和数据处理能力。它就像是一位超级英雄,能够助力传统产业突破传统技术瓶颈,实现技术革新和产品升级。在这个过程中,传统产业不仅能够提升市场竞争力,还能在激烈的市场竞争中占据先机。

2. 决策支持者:科学决策的幕后英雄

在企业管理中,决策往往是至关重要的。而智算中心则像一位智慧的军师,通过实时处理和分析海量数据,为企业提供精准的市场预测、风险评估和决策支持。在供应链管理、生产计划、市场营销等方面,智算的应用让企业的决策更加科学、合理,同时也降低了运营成本和市场风险。

3. 资源配置优化者:高效利用资源的管家

智算还像一位精明的管家,通过智能调度算法实现计算资源、人力资源和物资资源的优化配置和高效利用。在生产制造过程中,它能够实时调整生产计划、优化生产流程,确保生产线的稳定运行和高效产出。这种高效的资源配置方式不仅提高了企业的生产效率,还降低了运营成本。

4. 生态构建促进者:共生共赢的桥梁

智算的应用并不仅限于单个企业,它还能够促进产业链上下游企业的协同合作,形成共生共赢的产业生态。通过构建基于智算的产业互联网平台,产业链上下游企业可以实现信息共享、资源共享和业务协同,共同推动整个产业链的升级和发展。这种生态构建的方式不仅增强了企业的竞争力,还促进了整个行业的繁荣。

智能算法在传统产业的应用

1. 制造业行业的智能化转型

在制造业的智能化转型中,现有的应用广泛而深入。首先,智能算法和机器学习技术被用于生产线的自动化与优化,通过引入智能机器人和自动化设备,减少了对人力的依赖,提高了生产效率。同时,通过实时监测设备运行数据,进行模式识别与预测,实现了设备的健康管理和预测性维护,减少了生产中断的风险。此外,智能检测系统在质量检测与控制方面发挥着重要作用,能够自动识别产品的外观缺陷、尺寸偏差等质量问题,保障了产品的高品质。这些智能化应用提升了制造业的生产效率和产品质量,促进了整个行业的可持续发展。

2. 物流业的智能化转型

在物流业的智能化转型中,同样涌现出了诸多创新应用。智能分拣系统结合机器学习和计算机视觉技术,能够自动识别、分类和定位物品,大幅提高了分拣的准确性和效率。同时,通过大数据分析,物流企业可以预测货物的运输需求和路线,优化物流计划并降低运输成本。智能监控系统则实时监控货物的运输状态,确保货物按时、安全地到达目的地。此外,物联网技术的应用使得货物追踪和信息共享更加便捷,提高了供应链的透明度和协同效率。这些智能化转型的创新应用加速了物流行业运营模式的改革,为客户提供了更加优质、高效的服务体验。

3. 其他行业的智能化转型

除了制造业和物流业外,智慧农业和智慧医疗也是智能算法应用的典范。在智慧农业中,无人机、传感器和智能算法共同协作监测农田环境,实现了精准农业管理;而在智慧医疗领域,智能算法则辅助医生进行疾病诊断和治疗方案制定,提高了诊疗效率和准确性。这些成功案例充分展示了智能算法在传统产业转型升级中的巨大潜力。

10.4　面向未来:智算社会的魔幻图景

随着"数业"时代浪潮的汹涌澎湃,智能算法如同编织未来的魔法线,将我们引领至一个前所未有的智算社会。在这个科技与人文交织的梦幻国度里,每一天都充满了惊喜与可能。

人机一体:无缝融合的新境界

在未来的智算社会中,人与机器的界限将变得模糊不清。通过先进的神经接口技术,人类的大脑将与计算机系统实现无缝连接,形成

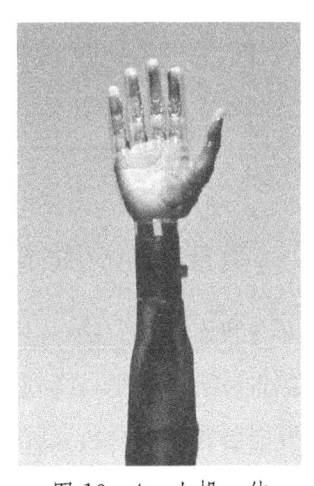

图 10-4　人机一体

"人机一体"的新境界。这种融合不仅让人类的思维速度、记忆容量和学习能力得到极大提升,还使我们能够实时获取、处理和分析海量的数据信息,从而做出更加明智的决策。在这种模式下,智能设备将成为我们身体的延伸,帮助我们更好地感知世界、理解世界并改变世界。

数实共生:虚拟与现实的交织

随着数字技术的不断发展,虚拟世界与现实世界的界限将越来越模糊。数字孪生、虚拟现实、增强现实等技术的广泛应用,将使得我们可以在虚拟空间中模拟现实世界的各种场景,进行产品设计、医疗模拟、教育培训等活动。同时,我们也可以通过智能设备将虚拟世界的元素带入现实世界,创造出更加丰富多彩的生活体验。在这种数实共生的环境中,人类将拥有更加广阔的创造空间和前所未有的发展机遇。

图 10-5　虚拟和现实交织

智慧互动:无处不在的智能服务

智算社会的核心在于"智慧互动"。在这个时代,所有的设备和系统都将被赋予智能,它们能够相互通信、协同工作,为人类提供无处不在的智能服务。无论是家居生活、城市交通还是医疗健康等领域,都将实现高度的智能化和自动化。例如,智能家居系统可以根据我们的生活习惯和喜好,自动调节室内的温度、湿度和光照;智能交通系统可以实时调控车流和交通信号,使得道路拥堵成为历史;而智能医疗系统则可以通过远程监控和数据分析,提前预警潜在疾病,并提供个性化的治疗方案。

图 10-6　智能家居场景

在这个"数业"时代,数据成为核心要素,智能算法驱动社会进步,算力成为基础设施,它们共同编织了一个智能、高效、人性化的新世界。从工业到数业的深刻转型,不仅改变了生产方式,更重构了商业逻辑、社会结构和人类生活方式。智算技术赋能传统产业,推动其向高端化、智能化、绿色化方向迈进,实现了传统与现代的完美融合。展望未来,人机一体、数实共生、智慧互动将成为智算社会的新常态。让我们携手并进,在智算技术的引领下,共创一个更加智能、绿色、和谐的数智新世界。